AF342906

GÉNÉRAL PERCIN

LILLE

Sixième Édition

BERNARD GRASSET
ÉDITEUR PARIS

LILLE

OUVRAGES DU MÊME AUTEUR

Emploi des feux de l'artillerie (Berger-Levrault, 1900).

La manœuvre de Lorlanges (Berger-Levrault, 1905).

La liaison des armes (Chapelot, 1909).

L'artillerie aux manœuvres de Picardie en **1910** (Berger-Levrault, 1911.

L'artillerie au combat (Lavauzelle, 1912).

Cinq années d'inspection (Chapelot, 1912).

Essai de règlement sur le combat (Lavauzelle, 1912).

Le combat (Félix Alcan, 1914).

La guerre et l'armée de demain (Marcel Rivière, 1917).

Pétition au Parlement tendant à l'adoption d'un canon d'infanterie (1917).

La guerre et la Nation armée (Librairie de la *Ligue des droits de l'homme*, 1919).

Guerres et Société des Nations (Librairie de *l'Humanité*, 1919).

Deux hommes de guerre. Sarrail et Gallieni (Fournier, 1919).

1914. Les erreurs du Haut Commandement (Albin Michel, 1919).

—

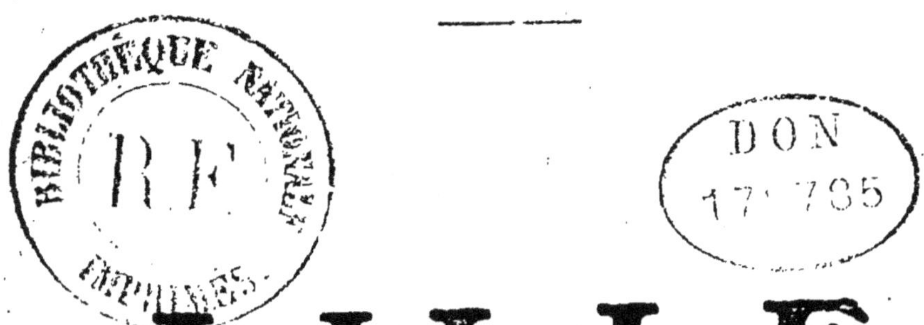

LILLE

PARIS
LIBRAIRIE BERNARD GRASSET
61, RUE DES SAINTS-PÈRES, 61
MCMXX

—

TABLE DES CHAPITRES

CHAPITRE PREMIER

LE COUP DE THÉATRE DU 24 AOUT

Le 25 août 1914, la France apprenait avec stupeur que, dans la nuit du 24 au 25, la place de Lille, devant laquelle s'étaient présentés quelques cavaliers allemands, avait été évacuée par la garnison, forte de 25.000 hommes.

Le public ignorait que le Gouvernement eût déclaré Lille ville ouverte. Aucun communiqué ne l'avait dit, et, dans ceux qui parurent depuis, le nom de Lille ne fut pas prononcé une seule fois.

Ce fut la conspiration du silence sur un événement qui comptera parmi les plus importants de la guerre. Car la place de Lille, remise en état de défense, devint, pour les Allemands, au cours de la bataille de l'Yser, un point d'appui dont la possession leur procura sur nous un avantage considérable.

Quand le public manque de renseignements, il en invente. C'est ce qu'il fit, cette fois encore, et à mon grand détriment.

Classé, depuis trois ans, dans le cadre de réserve, j'étais désigné pour occuper à Lille, en cas de mobilisation, l'emploi de commandant de la 1re région. J'avais rejoint mon poste le 3 août. Le public, me sachant armé par l'état de siège de pouvoirs extrêmement étendus, crut qu'il dépendait de moi que Lille fût considérée comme place forte ou comme ville ouverte. C'est moi qu'il rendit responsable de l'évacuation.

Je fus accusé d'avoir, sans même tenter un semblant de résistance, livré à l'ennemi la place dont la défense m'était confiée.

Pour expliquer cette ignominie, on raconta :

que mes facultés intellectuelles et morales s'étaient affaiblies;

que j'avais eu des hallucinations; que j'avais perdu la tête, à l'approche de l'ennemi;

que j'avais cédé aux instances de la population et des autorités civiles;

que j'avais conservé pendant vingt-quatre heures un télégramme du général Joffre me prescrivant de lui envoyer 80.000 hommes à Charleroi;

que j'avais épousé une Allemande;

que j'avais envoyé à l'ennemi des pigeons-voyageurs pour le prévenir que Lille ne serait pas défendue;

que j'avais arrêté l'exécution d'un télégramme du général French, qui devait assurer
la jonction des armées alliées;

que j'avais été incarcéré à la prison du
Cherche-Midi, destitué, puis fusillé.

Ces bruits se répandirent avec une rapidité
inouïe, dans toute la France. Mes parents, mes
amis en furent informés en chemin de fer.
Moi-même je fus assailli, le 25 août, à la gare
du Nord, par des gens hostiles qui s'écrièrent :

« C'est le général Percin. C'est un lâche! »,

Je ne prendrais pas la plume pour démentir
ces inepties, si je ne voulais, en même temps,
fixer un point d'histoire.

Depuis longtemps, les Allemands se préparaient à envahir la France, en franchissant la
Meuse au nord et à l'ouest de Liége, pour se
diriger ensuite par Charleroi et Mons sur Valenciennes, peut-être plus à l'ouest encore, et
se rabattre sur Paris, avant que nos armées,
disposées face à l'est, de Belfort à Mézières,
comme l'indiquaient, dès le temps de paix, les
emplacements connus de notre couverture, eussent le temps de faire le changement de front
nécessaire.

Tout indiquait que les Allemands procéde-
raient ainsi : et le tracé de leurs voies ferrées,
et la disposition de leurs troupes sur la fron-

tière, et les avertissements d'un grand nombre de leurs écrivains militaires.

Ce plan avait également été exposé par des auteurs français, et, en particulier, par le général Herment, ancien commandant de l'artillerie du 1ᵉʳ corps, dans une étude sur la défense de la frontière du Nord, que publia, en 1912, le *Journal des Sciences militaires*.

Les Belges, eux aussi, avaient prévu la manœuvre allemande. C'est pour s'y opposer que M. de Broqueville avait fait voter la nouvelle loi militaire.

Mais notre état-major, à la tête duquel se trouvaient, en dernier lieu, les généraux Joffre et de Castelnau, ne croyait pas à un mouvement enveloppant d'aussi grande envergure. Sans doute, il prévoyait la violation de la neutralité belge; mais il pensait que l'invasion de la France se ferait par la rive droite de la Meuse.

Mal conseillés par l'état-major, nos derniers ministres de la guerre, MM. Noulens et Messimy, réduisirent la garnison prévue pour la défense de Lille, et firent expédier sur d'autres places une partie du matériel d'artillerie.

Par cette double mesure, la place était mise dans l'impossibilité d'opposer à l'ennemi une résistance sérieuse. C'était un déclassement déguisé; décision absolument illégale, car, aux termes de l'article premier de la loi du 10 juillet 1851, la suppression d'une place de guerre ne peut être ordonnée qu'après l'avis d'une commission de défense, et en vertu d'une loi.

*
**

Un revirement se produisit dans les idées de l'état-major, quand il apprit que les Allemands, ayant passé la Meuse, se dirigeaient sur Bruxelles.

Le lundi 17 août, la région de Lille entra dans la zone des armées. Le général d'Amade reçut le commandement d'un groupe de divisions territoriales chargées d'opérer sur le territoire de cette région. A ce titre, il devenait mon supérieur, s'interposant ainsi entre le général Joffre et moi.

Le jeudi 20 août, le général d'Amade me donna l'ordre de remettre la place de Lille en état de défense. La garnison fut renforcée. Les évacuations de matériel furent arrêtées. Les bouches à feu placées en magasin furent remises en batterie sur les remparts.

Le dimanche 23 août, grâce à la prodigieuse activité du général Herment, que j'avais fait désigner pour l'exécution de cette tâche, 300 canons étaient prêts à tirer, si bien que quelques-uns tirèrent le lendemain dans la matinée.

Dans la soirée du dimanche 23 et dans la matinée du lundi 24, le ministre annonça par télégrammes l'envoi de mitrailleuses et de munitions que je lui avais demandées. Il semblait

donc bien décidé à utiliser la place de Lille.
Personne ne pouvait prévoir le coup de théâtre
qui allait se produire dans l'après-midi : l'arrivée d'un message téléphonique déclarant Lille
ville ouverte et prescrivant à la garnison de
l'évacuer immédiatement.

**

L'ordre d'évacuation ne paraissait justifié
par aucune menace sérieuse. A l'amertume que
j'en ressentis, s'ajouta, dès le lendemain, celle
d'être accusé d'avoir ordonné cette évacuation
moi-même, par faiblesse, par lâcheté ou par
trahison.

Le ministre de la guerre, alors M. Millerand,
assista impassible à l'explosion de ces bruits
calomnieux. En vain le suppliai-je, par lettres
des 27, 28 et 29 août, de défendre mon honneur militaire, en envoyant un communiqué
aux journaux (1). Mes trois lettres restèrent
sans réponse.

Et cependant, je ne demandais pas au gouvernement de déclarer que l'ordre d'abandonner Lille eût été donné par lui. Je lui demandais de déclarer tout simplement que cet ordre
n'avait pas été donné par moi.

Le 30 août, le *Radical* tenta de prendre ma
défense. La Censure supprima son article, après

(1) Voir annexes IV, V et VI.

avoir, le 28 et le 29 août, laissé passer les articles de la *Libre Parole*, de l'*Action Française* et de l'*Echo de Paris* qui m'avaient attaqué (1).

D'un mot, M. Millerand aurait pu arrêter l'infâme légende. Mais il aurait fallu qu'il découvrît son prédécesseur, M. Messimy.

Il aurait fallu qu'il découvrît également le président du conseil, M. Viviani, chef des deux gouvernements dont avaient fait partie successivement MM. Messimy et Millerand.

Il aurait fallu en outre qu'il dénonçât l'aveuglement dont l'état-major avait fait preuve, en ne prévoyant pas le mode d'invasion réalisé par les Allemands.

Il aurait fallu enfin qu'il avouât que le gouvernement auquel il avait appartenu, du 15 janvier 1912 au 12 janvier 1913, n'avait pas fait, pour la préparation de la défense de Lille, tout ce qu'il devait.

Plutôt que de faire cet aveu, M. Millerand me laissa pendant cinq mois sous le coup des accusations les plus graves. Je fus la victime expiatoire des fautes de l'état-major français.

J'ai donc tenu à écrire ce livre, non seulement pour montrer au public que je ne suis pas le personnage qu'on a cherché à représenter, mais encore et surtout pour rétablir la vérité historique que le gouvernement a cachée, dans l'intérêt de certaines personnalités.

(1) Voir page 146.

CHAPITRE II

LA DÉFENSE DE LILLE

Au cours de l'année 1912, le ministre de la guerre, alors M. Millerand, m'avait désigné pour occuper, en cas de mobilisation, l'emploi de commandant de la 1re région.

Le commandant de région a pour rôle :

de commander, en temps de guerre, le territoire occupé en temps de paix par les troupes du corps d'armée correspondant;

de faire envoyer sur le front, par les dépôts des régiments actifs, les hommes, les chevaux, les effets et approvisionnements dont ces régiments ont besoin;

d'exercer les pouvoirs administratifs et judiciaires que la loi sur l'état de siège confère à l'autorité militaire;

de concilier les besoins de la mobilisation avec ceux du commerce et de l'industrie, dont l'arrêt compromettrait, non seulement la vie économique de la région, mais encore les intérêts de la défense nationale.

Le commandant de région ne dispose pas de *troupes de renfort*. Il n'envoie sur le front que des *hommes de remplacement*.

Au mois d'octobre 1912, en exécution d'un ordre du ministre, je me rendis à Lille pour y prendre connaissance du plan de mobilisation et me préparer à mon service de guerre. Lille possédait alors un gouverneur nommé par décret, le général Lebas, secondé par un officier supérieur chef d'état-major, et par deux officiers adjoints.

Il y avait dans la place 600 bouches à feu environ et 50 mitrailleuses. L'approvisionnement en munitions était à peu près de 400 coups par pièce, chiffre conforme aux fixations des instructions ministérielles.

Enfin, la place devait recevoir, au moment de la mobilisation, 2.900 auxiliaires d'artillerie dont le rôle était d'armer les ouvrages, de construire les batteries intermédiaires, de charger les projectiles, de confectionner les gargousses et de servir les pièces.

Entre le moment où j'effectuai ce voyage d'études et le 3 août 1914, date à laquelle, la guerre ayant été déclarée, je rejoignis mon poste de mobilisation, le ministre déclara, sans m'en prévenir :

en janvier 1914, qu'il ne serait pas établi de nouveau plan de défense pour la place, en 1914;

en mars 1914, que la place ne recevrait plus les 2.900 auxiliaires d'artillerie;

à différentes époques de l'année, qu'une notable partie du matériel d'artillerie et des munitions serait expédiée sur les places de Paris et de Maubeuge;

le 1ᵉʳ août, que l'état-major du gouverneur serait supprimé et que le général Lebas recevrait prochainement une autre destination.

Je me trouvai ainsi, à mon arrivée à Lille, en présence d'une situation autre que celle dont le ministre m'avait envoyé prendre connaissance en 1912. La nouvelle situation était d'ailleurs fort obscure.

Ne pas établir de nouveau plan de défense pour 1914, ne voulait pas dire que la place ne serait pas défendue.

L'enlèvement du quart environ des bouches à feu ne faisait pas de Lille une ville ouverte.

Enfin, aux termes de l'article premier de la loi du 10 juillet 1851, la suppression d'une place de guerre ne peut être ordonnée qu'après l'avis d'une commission de défense, et en vertu d'une loi.

Lille était donc, légalement, restée place de guerre. Mais la suppression du gouverneur rendait la défense difficile; parce qu'un gouverneur nommé par décret a, sur les autorités militaires et sur les autorités civiles, des pouvoirs dont n'est pas armé un commandant de la défense désigné par l'autorité militaire régionale, au moment du besoin.

Enfin, par la suppression des 2.900 auxiliaires, la place était mise dans l'impossibilité d'utiliser le matériel d'artillerie restant; elle ne pouvait plus se défendre que par le fusil. Elle ne pouvait plus soutenir un siège en règle; elle ne pouvait plus que retarder la marche de l'ennemi.

Je ne sais si telle a jamais été l'idée du ministre de la guerre sur le rôle que la place de Lille devait jouer dans la défense du territoire. Toujours est-il que les officiers généraux et chefs de service qui arrivèrent dans la place, au moment de la mobilisation, ignoraient absolument la situation créée par les récentes décisions ministérielles. —

Cette situation était également ignorée du général Maunoury, qui vint m'inspecter le 13 août. Elle était ignorée du général d'Amade, qui vint, le 18 août, avec le commandement d'une armée chargée d'opérer sur le territoire de la première région. Elle était ignorée même de la direction du génie, au ministère de la Guerre.

Lorsque j'arrivai à Lille, le 3 août 1914, 80 bouches à feu environ en étaient déjà parties, avec les munitions correspondantes. Les évacuations continuèrent après mon arrivée. Le 7, le 8, le 9, le 13, le 14 et le 16 août, on expédia encore 73 canons de 80, de 90 et de 120, avec 46.330 coups, dont 15.600 de 120, constituant la totalité des obus explosifs de ce calibre. Les ordres d'expédition étaient donnés directement par le ministre au directeur du parc, qui me rendait compte de l'exécution.

Le 17 août, il restait encore 446 canons, approvisionnés moyennement à 240 coups par pièce. Mais il n'y avait plus une seule mitrailleuse. Les bouches à feu non expédiées étaient, pour la plupart, dans les abris et non sur les remparts. Enfin, les poudres étaient en baril. Pas un obus n'était chargé; pas une gargousse n'était confectionnée.

Ma pensée a toujours été que, même avec ces moyens réduits, la place était en état de faire, le cas échéant, une défense très honorable. Il suffisait de la réarmer et d'exécuter quelques menus travaux. Mais il fallait que l'ordre m'en fût donné par le ministre; car, au début de la guerre, la région de Lille, dont l'état-major n'avait pas prévu l'envahissement, n'appartenait pas à la zone des armées. Il fallait, en outre, qu'on me donnât les moyens d'exécution nécessaires; et, en particulier, qu'on m'envoyât de Douai un certain nombre de canonniers.

Sans doute, ainsi réarmée, la place n'aurait

pas résisté aussi longtemps que si l'armement avait été au complet. Mais, n'eût-elle tenu que quinze jours, que c'eût été autant de jours pendant lesquels les forces ennemies ainsi immobilisées n'auraient pas été en face du général Joffre. Le cours des événements se serait ainsi modifié, à notre avantage.

Sans réponse du ministre à la lettre que je lui adressai, peu de jours après ma prise de commandement, pour appeler son attention sur la situation irrégulière du général Lebas, nommé gouverneur par décret et relevé de cet emploi par simple décision ministérielle;

sans explication aucune sur le rôle que la place aurait à jouer dans la défense du territoire;

sans conseil de personne, jusqu'à l'arrivée du général Maunoury qui me donna pour toute instruction de poser le moins possible de questions au ministre de la guerre et de trancher moi-même les difficultés qui pourraient se présenter;

sans indication du nombre des canons que me laisserait le ministre de la guerre;

je fis tout ce que je pus pour tirer un bon parti des moyens de défense dont je disposais. J'étudiai, de concert avec le colonel Gengembre, directeur du service du génie, les mesures à prendre pour retarder la marche de l'ennemi, au moins par le fusil. Je prescrivis à cet officier supérieur de prévoir la remise en état des remparts, l'enlèvement des arbres gênant les vues, le barrage des routes, le temps qu'il faudrait, les outils qui seraient nécessaires et le personnel civil qu'il y aurait lieu de requérir, pour l'exécution de ces travaux.

***

La situation s'éclaircit à l'arrivée du général d'Amade, qui installa, le 18 août, son quartier général à Arras. Cet officier général, dont je devenais le subordonné, m'ayant fait savoir, le 19 août, qu'il comptait sur Lille comme point d'appui de ses opérations de campagne, je me rendis, le jeudi 20, en automobile à Arras, afin de mettre mon chef au courant de la situation anormale de la place, situation qu'il ne connaissait pas, et je lui proposai les mesures à prendre, pour réorganiser rapidement la défense.

A cet effet, je lui communiquai le mémoire très détaillé que m'avait remis le directeur du service du génie, le colonel Gengembre.

Je lui rendis compte, en outre, de la visite que j'avais faite, le 11 août, à Douai, où j'avais longuement conféré avec le général Herment, ancien commandant de l'artillerie du 1ᵉʳ corps d'armée, passé au cadre de réserve, et rappelé à Douai, depuis la guerre. Je lui appris, en particulier, que cet officier général m'avait fait l'exposé d'un plan d'inondation dont il connaissait les moindres détails, et dont l'exécution apporterait de très grandes entraves à la marche de l'ennemi. Je lui offris de rentrer à Lille, en passant par Douai, où je conférerais de nouveau avec le général Herment.

Je lui offris, enfin, de demander à ce dernier de me donner le personnel et le matériel dont il pourrait disposer en ma faveur. J'ajoutai que le général Herment me paraissait particulièrement qualifié pour diriger les travaux de réarmement et de la défense de la place.

Le général d'Amade approuva ces propositions; mais il me pria de ne rien exécuter avant qu'elles eussent reçu l'approbation du général Joffre.

A son tour, il m'exposa son plan de défense.

Un barrage devait être établi de Dunkerque à Maubeuge.

Le front, comprenant une ligne avancée et une ligne principale, serait divisé en trois secteurs occupés chacun par une division d'infanterie territoriale.

La place de Lille coopérerait à la défense du secteur central (1).

Avant de prendre congé du général d'Amade, je tins à lui faire préciser le rôle que j'aurais à jouer éventuellement dans la défense de la place.

L'ancien plan disposait, qu'en cas de siège, le gouverneur resterait seul à Lille, le commau-

____

(1) Voir, annexes LXIII et LXIV, les textes des ordres donnés à ce sujet.

dant de la région se retirant sur une autre place.

Devais-je laisser le général Herment seul à Lille ou y rester avec lui, gardant par conséquent la direction supérieure de la défense?

Dans ce dernier cas, devais-je faire simplement un semblant de résistance et préparer une retraite en bon ordre? Devais-je, au contraire, tenir le plus longtemps possible, résister dans les forts, résister sur le corps de place, faire la guerre des rues, au risque de me faire prendre ou de me faire tuer à mon poste de commandement?

Paraphrasant la question que je venais de lui poser, le général d'Amade me répondit :

« Vous devez résister dans les forts, résister sur le corps de place, faire la guerre des rues et tenir jusqu'à la dernière extrémité. »

En présence d'instructions aussi nettes, mon devoir était clairement tracé. Toute idée d'abandonner la place était définitivement écartée.

Je partis d'Arras vers 11 heures, en automobile, pour Douai, où je vis le général Herment. Deux heures après, je télégraphiais au général d'Amade que le général Herment pouvait arriver à Lille, le lendemain, avec 1.000 canonniers, 3 batteries de 75 et un escadron de cuirassiers.

*****

Le vendredi 21, je commençai les préparatifs de défense. Accompagné du chef du génie et du commandant Morelle, mon officier d'ordonnance, je fis en automobile l'inspection du front nord-est. Je poussai ma reconnaissance jusqu'au territoire belge, sur lequel je choisis quelques positions de batterie pour mon groupe de 75. Je donnai des ordres pour la formation de bataillons de marche d'infanterie. Enfin, je demandai au ministre de m'envoyer 40 mitrailleuses et 2 avions.

Le même jour, à 15 heures, le général d'Amade m'apporta l'ordre de commencer les travaux, approuvé par le général Joffre. J'attendais cet ordre avec impatience; car, malgré l'optimisme des communiqués officiels, j'étais fort inquiet. On affirmait, en effet, que des cavaliers allemands avaient été aperçus à quinze kilomètres de la ville.

Je fis occuper les forts le soir même. Je fis fermer les portes et barricader les entrées de la ville. Je chargeai deux officiers de mon état-major de surveiller ces différentes opérations.

La nuit fut angoissante. J'en passai une partie, avec le commandant Morelle, au bureau téléphonique du quartier général. Je voulais avoir la confirmation de la nouvelle de l'approche des cavaliers allemands. Je voulais savoir

si le général Herment n'éprouvait pas de difficultés pour la formation des détachements annoncés.

Un peu avant minuit, ce dernier me téléphona qu'il arrivait le lendemain, samedi, à
8 heures, accompagné des troupes de Douai,
bientôt suivi de 9.000 hommes d'infanterie pré-
levés sur les autres dépôts de la région.

La garnison de Lille allait ainsi être forte de :

15.800 fantassins,

1.620 canonniers à pied,

4 escadrons de cavalerie,

3 batteries de 75,

1 compagnie du génie,

1 escadron du train,

5 sections de munitions, dont les hommes et
les chevaux pouvaient permettre d'atteler 5 ou
6 batteries de 90.

A ces unités s'ajoutaient les dépôts de Lille,
comprenant :

4.000 fantassins,

1.800 cavaliers,

1.100 chevaux.

Le total de ces forces s'élevait à près de
25.000 hommes.

Le samedi 22, avant l'arrivée du général Herment, je fis en automobile, accompagné du
commandant Morelle, une nouvelle tournée sur
le front. Chacun des combattants envoyés la
veille était à son poste.

A 9 heures, je reçus le général Herment au

quartier général. Je l'installai dans un bureau voisin du mien. Je mis une partie de mon état-major à sa disposition. Jusqu'au jour de l'évacuation, nous vécûmes dans la plus complète intimité; nous travaillâmes d'accord l'un avec l'autre, comme nous étions d'accord avec le général d'Amade, dont les instructions ont toujours été marquées au coin de la plus parfaite netteté.

Aussitôt arrivées, les troupes furent réparties entre les différents ouvrages. Des postes avancés furent placés en avant de Roubaix et de Tourcoing.

Un peloton du 6e chasseurs à cheval fut envoyé en reconnaissance à Courtrai, qu'on disait occupé par de la cavalerie ennemie. Il s'y heurta à 16 cuirassiers du régiment de Seydlitz, qui avaient tendu une corde en travers de la rue. Mais il les tourna par une autre rue, les chargea, tua ou blessa quatre d'entre eux, et en captura quatre autres avec sept chevaux et le lieutenant prussien comte Axel de Schwerin.

Le dimanche 23, à Gruson, près de Bouvines, le sous-lieutenant Guillaume chargea avec son peloton une reconnaissance du 17e dragons allemand. Le lieutenant baron de Weclemeyer, qui commandait cette reconnaissance, fut fait prisonnier, avec un sous-officier et trois cavaliers. Cinq hommes furent tués ou blessés; les autres s'enfuirent. Le sous-lieutenant Guillaume eut son cheval tué.

Le même jour, une patrouille du 6ᵉ chasseurs à cheval rencontra une patrouille de cuirassiers allemands, au nord de Tourcoing, et lui fit un prisonnier.

Le même jour encore, le 6ᵉ chasseurs à cheval et le 127ᵉ d'infanterie tirèrent quelques coups de fusil sur des patrouilles ennemies, dont ils tuèrent ou blessèrent quelques cavaliers.

Les douze prisonniers capturés dans ces deux journées furent amenés en ville le dimanche 23, avec huit chevaux allemands, suivis d'un détachement de nos chasseurs à cheval portant des casques à pointe, des lances, des carabines, et différents objets d'habillement, d'équipement et de harnachement pris à l'ennemi. La vue de ce cortège provoqua, dans la population civile, un enthousiasme indescriptible.

*

Dans la soirée, trois cents canons étaient en batterie sur les remparts, prêts à tirer. Ils étaient approvisionnés chacun à dix coups. La confection des charges continuait.

A 15 heures, le général d'Amade vint me voir et m'informa de son intention de faire attaquer Tournai le lendemain lundi 24, par la 88ᵉ division territoriale. Il me demanda le concours de ma cavalerie et celui de l'artillerie d'un de nos forts.

Enfin, il m'annonça que le ministre de la guerre, alors M. Messimy, était très désireux de me voir reprendre les fonctions d'inspecteur général de l'artillerie que j'avais exercées pendant les cinq dernières années de ma carrière; car j'étais seul en situation, disait-il, par mon autorité et par ma compétence, d'imprimer aux dépôts d'artillerie, où l'instruction était languissante, l'impulsion qui leur était nécessaire.

La demande était faite en termes si flatteurs pour moi que, malgré mon regret de quitter mon commandement, au moment où les opérations devenaient particulièrement intéressantes, je priai le général d'Amade de répondre au ministre que je me tenais à sa disposition.

Le lundi 24, à 8 heures du matin, je reçus un message téléphonique ainsi conçu :

« Le ministre fait connaître que, par décision
« du 24 août, M. le général de division Percin
« est nommé inspecteur général de l'instruction
« des formations d'artillerie de la réserve et de
« l'armée territoriale. M. le général Percin se
« rendra à Paris pour organiser son service et
« prendre les instructions du ministre à ce sujet.
« Les fonctions de commandant de la 1re région
« seront exercées provisoirement par M. le géné-
« ral Herment, commandant la défense de la
« place de Lille. »

Je passai alors mon service au général Herment et je fis mes préparatifs de départ.

Dans la matinée, cet officier général fit une nouvelle tournée sur le front. Dans l'après-midi, accompagné du commandant Morelle que j'avais mis à sa disposition, il se rendit au fort de Sainghin, désireux de diriger lui-même le tir des canons désignés pour soutenir la retraite des troupes qui avaient été bousculées le matin, à l'attaque de Tournai.

A 15 h. 45, le général d'Amade transmit le message téléphonique ci-après qu'il venait de recevoir du ministre de la guerre :

« Considérez Lille comme ville ouverte. Retirez
« les troupes des forts et des remparts. Faites
« évacuer, d'accord avec le Préfet, valeurs de
« banque par auto et chemin de fer vers inté-
« rieur. »

Le général d'Amade compléta cette communication par la suivante :

« Lille étant considérée comme ville ouverte,
« toutes les troupes et les dépôts qui l'occupent
« l'évacueront immédiatement et coopéreront à la
« défense du barrage principal, entre la 81e divi-
« sion à gauche et la 82e division à droite. Le
« secteur à occuper par ces troupes et dépôts
« s'étendra de la Bassée exclu à Aire-sur-la-Lys
« exclu. Ces troupes seront sous les ordres du
« général Tournier. »

De son côté, le général Joffre adressa au général d'Amade un télégramme chiffré ainsi conçu :

« Donnez des ordres pour évacuer par voie fer-
« rée la plus grande quantité possible de matériel
« artillerie et génie se trouvant à Lille. Je vous
« signale comme devant être évacués 2.280 fusils
« modèle 1886 et la mélinite (1). »

Enfin le général d'Amade téléphona :

« Demander au général Herment s'il y a des
« dispositions prévues pour évacuation dépôts
« artillerie et arsenal Douai. Lui demander ordre
« d'urgence dans ces évacuations, en raison impor-
« tance matériel. »

Bien que je fusse présent au quartier général à l'heure où ces messages y arrivèrent, le chef d'état-major, commandant La Salle, ne me les communiqua pas. Il crut sans doute que la nouvelle de l'évacuation ne m'intéresserait pas, puisque, depuis le matin, je ne commandais plus la région. Je n'eus connaissance des ordres donnés qu'à 17 h. 30, lorsque le général Herment, rentrant du fort de Sainghin, en prit connaissance lui-même.

Pendant ces deux heures, l'état-major aurait du :

(1) Il peut paraître étonnant que le général Joffre ait connu l'existence à Lille de 2.280 fusils modèle 1886. Il est probable qu'il n'a fait là que transmettre un ordre du ministre de la Guerre.

prévenir par téléphone le général Herment, au fort de Sainghin;

faire appeler les chefs de service au quartier général, afin que le général Herment les trouvât réunis à sa rentrée;

étudier les évacuations à faire et les moyens à employer;

préparer les ordres à donner;

réunir le personnel de secrétaires voulu pour copier ces ordres et les expédier.

L'état-major n'en fit rien. Il ne se préoccupa que du déménagement de ses archives. Le général Herment fut obligé de rédiger ses instructions lui-même et de les expédier hâtivement. Ce fut une des causes du désordre dans lequel se fit l'évacuation.

Le général Herment fut très peiné, comme moi, de la détermination prise par le gouvernement. Cette détermination était tellement contraire à tous les usages de la guerre, tellement en opposition avec les télégrammes reçus le matin du ministre lui-même, télégrammes annonçant, l'un l'envoi de 14 mitrailleuses, l'autre l'envoi de 3 millions de cartouches d'infanterie et de 3.000 coups de 75, qu'avant de passer à l'exécution, le général Herment voulut en avoir la confirmation de la bouche du général d'Amade. Malheureusement, le directeur des postes et des télégraphes avait eu connaissance de l'ordre d'évacuation, et, sans attendre les instructions de l'autorité militaire, il avait commencé le déménagement de ses appareils; en sorte que le général Herment ne put correspondre, ni avec le général d'Amade, ni avec les subordonnés auxquels il avait des ordres à donner. Il s'écria alors :

« Un général qui a reçu mission de défendre une place de guerre, ne l'abandonne que sur un ordre écrit. »

Et il envoya un officier d'état-major en automobile à Arras, réclamer cet ordre au général d'Amade.

Parmi les messages qui ne purent être expédiés, se trouvait le suivant, répondant à la question posée par le général d'Amade au général Herment :

« Général Herment ne connaît aucune disposi-
« tion pour évacuation atelier de Douai. Il faudrait
« que le Ministre fixât le point sur lequel il vou-
« drait que l'on dirigeât le matériel. »

Le parc d'artillerie de Lille parvint à évacuer 1.800 fusils modèle 1886 et 240 tonneaux de mélinite. On put évacuer en outre un wagon contenant des obus et des armements de 90, des pelles, des pioches et du matériel de forge. On évacua également un train contenant 3.000 cartouches de 75 et 300.000 cartouches d'infanterie.

On dut laisser les bouches à feu, mais on les mit hors de service, conformément au règlement, au moyen de coups de hache donnés sur les vis et sur les écrous de culasse. Les poudres furent noyées.

De Douai, on évacua :

> 138 voitures,
> 160 caisses à poudre,
> 18.093 armes portatives,
> 13.100 obus,
> 1.600.000 cartouches d'infanterie.

****

Le général Herment et moi quittâmes Lille en automobile, le 24 août, à 21 heures, et nous nous dirigeâmes, lui sur Arras, moi sur Amiens, d'où je me rendis en chemin de fer à Paris.

Nous ignorions alors ce qui se passait du côté de Charleroi. Nous ne l'apprîmes que plus tard, par les journaux. Nous étions loin de le prévoir. Le gouvernement, en effet, ne m'avait donné aucune indication sur les mouvements de l'ennemi. Je n'étais renseigné à ce sujet que par les communiqués officiels ou télégrammes de presse visés, documents incomplets ou intentionnellement faux, dont le but était de rassurer l'opinion publique. Ces documents disaient :

le 7 août, que la résistance de Liége était admirable;

le 8 août, que les Belges avaient coupé les communications des Allemands;

le 9 août, que 20.000 Anglais avaient débarqué à Ostende, Calais et Dunkerque, se portaient sur Namur pour aider l'armée belge à refouler les Allemands au delà de la frontière;

le 10 août, que les Allemands avaient envahi la Belgique, sans se préoccuper de leurs approvisionnements; qu'ils manquaient de vivres; que les patrouilles isolées se rendaient pour obtenir des aliments;

le 13 août, que les troupes belges qui avaient défendu la place de Liége, reprenaient l'offensive;

le 16 août, que l'attaque brusquée des Allemands par la Belgique avait lamentablement échoué;

le 17 août, que l'armée française avait remporté un gros succès à Dinant;

le 18 août, que la situation des armées françaises en Belgique était toujours brillante, etc.

Les journaux officieux n'étaient pas moins optimistes.

Le *Matin* du 24 août portait en manchette l'inscription : « Les cosaques à cinq étapes de Berlin. »

L'édition du soir du même jour, sous le titre : « On ne se bat plus sur le sol français », disait que la guerre se poursuivait uniquement en Alsace-Lorraine et en Belgique.

On croit rêver, en lisant ces informations,

dont je n'oserais pas affirmer l'authenticité, si je ne pouvais citer les pages de la publication dans laquelle je les ai retrouvées (1). Jamais la presse n'avait autant menti que depuis qu'elle était bâillonnée.

On imagine facilement l'état d'esprit que des nouvelles aussi optimistes avaient créé dans la population civile. Cet état d'esprit était tel que mon départ de Lille, le 24 août au soir, en automobile, en pleine nuit, fut considéré comme une fuite honteuse. Le gouvernement a une grosse part de responsabilité dans l'explosion des bruits calomnieux qui ont couru sur moi.

Après la bataille de Charleroi, les Allemands se lancèrent à la poursuite des Anglais et de notre V⁰ armée, alors commandée par le général Lanrezac. Leur colonne d'extrême-droite suivit l'itinéraire Tournai-Orchies-Cambrai. Le 26 août, ils attaquèrent les Anglais au Cateau, à 60 kilomètres de Lille.

A ce moment, le général d'Amade disposait des 81ᵉ, 82ᵉ, 84ᵉ et 88ᵉ divisions territoriales d'infanterie, et des 61ᵉ et 62ᵉ divisions de réserve, soit, en tout, de 80.000 hommes, non compris les 25.000 hommes de la garnison de Lille

(1) Voir *Communiqués officiels*. Paris, Berger-Levrault, éditeurs. Fascicule 6; pages 21, 25, 43, 50, 64; fascicule 7, pages 12 et 22.

Avec le concours de ces troupes, celui des An-. glais, celui de l'armée du général Lanrezac et celui de la place de Maubeuge, il aurait pu, en tendant les inondations le 20 août, arrêter la marche de l'ennemi, et permettre l'arrivée d'un corps de secours.

A défaut de ces inondations, il aurait pu, avec tout ou partie de ses 80.000 hommes, se jeter sur le flanc droit des Allemands. C'eût été la manœuvre qui, quinze jours après, a si bien réussi sur l'Ourcq au général Maunoury. De son côté, le général Herment, si allant, si énergique, avec ses quatre escadrons de cavalerie et quelques compagnies de chasseurs à pied, serait allé bousculer les parcs de l'ennemi et couper derrière lui les lignes de chemin de fer.

En vue de cette manœuvre, le général Herment avait prescrit, le 24 au matin, de rassembler 200 voitures automobiles, au moyen desquelles il aurait transporté ses chasseurs à pied, comme le général Gallieni réquisitionna dans Paris, le 7 septembre 1914, 1.200 taxi-autos, au moyen desquels il transporta la 7e division d'infanterie sur le champ de bataille de l'Ourcq.

Qui sait si, dans ces conditions, les Allemands n'auraient pas battu en retraite quinze jours plus tôt? Qui sait s'ils n'auraient pas levé le siège de Maubeuge, et si nous ne les aurions pas poursuivis jusque Waterloo?

Au sujet de cette possibilité, voici comment s'exprime M. Fernand Engerand, député du

Calvados, pages 556 et 557 d'un livre intitulé *Le Secret de la frontière, Charleroi*, livre que je citerai souvent (1) :

Lille, avec ses 28.000 hommes et les six divisions du général d'Amade, c'était une armée de près de 120.000 hommes sur le flanc droit de l'armée du général von Klück. Sur le flanc gauche, Maubeuge, avec ses 45.000 hommes, mettait une autre menace qui prenait alors toute sa gravité. En arrière, l'armée belge, rassemblée à Anvers. L'armée allemande tombait dans un piège. Est-il téméraire de prétendre que le redressement qui se fit plus tard sur la Marne se serait fait sur la ligne La Fère-Laon-Reims?

Non! ce n'est pas téméraire. La bataille de la Marne aurait pu, sous un autre nom, être gagnée quinze jours plus tôt.

Malheureusement, l'état-major du général d'Amade ignorait tout de la région sur laquelle il allait opérer.

Il ignorait, le 20 août, que la place de Lille fût virtuellement déclassée.

Il ignorait la possibilité de tendre des inondations qui auraient ralenti la marche de l'ennemi.

Il ignorait que, depuis plus de vingt ans, les fortifications de Douai fussent rasées.

Un officier de cet état-major avait vu, sur la

____

(1) *Le secret de la frontière, Charleroi.* Editions Bossard, 43, rue Madame, à Paris.

carte non encore rectifiée, Douai représentée par un petit cercle étoilé. Il avait conclu de là que la ville était toujours fortifiée; et, le 24 août, il téléphonait au commandant d'armes de résister sur les vieux remparts!

*
**

Les Allemands n'entrèrent à Lille que six jours après l'évacuation. Ils étaient peu nombreux, ce qui prouve combien peu était justifié l'abandon de la place. Ils vinrent en plus grand nombre quelques jours après, mais ils restèrent à Lille peu de temps; ils en partirent ensuite pour un mois. Pendant quinze jours, il n'y eut dans la ville ni soldats français ni soldats allemands.

Le 4 octobre, les Allemands se présentèrent de nouveau devant Lille, que des troupes françaises avaient réoccupé quinze jours avant; mais ils ne parvinrent pas à s'en emparer. Ils revinrent le 12. Après une défense héroïque du lieutenant-colonel de Pardieu, ils entrèrent dans la ville, et l'occupèrent le 13 définitivement.

Ils améliorèrent alors les fortifications, bétonnèrent le fort de Bondues, construisirent des tranchées, non seulement autour de la place, entre la porte d'Arras et celle de Dunkerque, mais encore dans la ville même, autour de la citadelle. Ils firent, en un mot, tout ce qui était nécessaire pour mettre la place en mesure de nous opposer, le cas échéant, une résistance énergique.

C'est l'existence de ce *formidable point d'appui* qui nous empêcha, plus tard, de tourner la droite de leur ligne de bataille, ce qui eut pour résultat de nous immobiliser pendant quatre ans sur nos positions.

L'évacuation de Lille fut le commencement de nos malheurs. Ce fut la frontière ouverte qui favorisa l'invasion. Redevenue place forte, Lille permit la résistance allemande.

Lille, ville ouverte, est le nœud de l'histoire de la guerre de 1914-1918. Il importe de rechercher qui provoqua cette regrettable décision du ministre de la guerre.

CHAPITRE III

LES AUTORITÉS CIVILES

Depuis quelques années, beaucoup de Lillois demandaient que la place fût déclarée ville ouverte. Ils soutenaient :

que la fortification était démodée;

que les agglomérations de Roubaix et de Tourcoing gênaient les vues;

que, si l'on essayait de résister, la place ne tarderait pas à tomber;

qu'elle serait alors rançonnée, après avoir été inutilement bombardée;

que mieux valait renoncer à la défendre.

Comme si l'on ne devait défendre que les places fortes pourvues des moyens de résistance les plus perfectionnés.

Comme si tous les villages que l'on défend au cours d'une bataille, tous ceux qu'on prend, qu'on perd et qu'on reprend, n'étaient pas de petites villes ouvertes.

Comme si le fait d'être moins bien fortifiée que Verdun, mais mieux fortifiée qu'Arras, qui ne l'était pas du tout, pouvait conférer à Lille le privilège d'échapper à toutes les horreurs de la guerre.

D'autre part, l'arrasement des fortifications aurait rendu disponibles des espaces de terrain favorables à la création de nouvelles industries, dont le développement aurait accru la richesse de la région.

Enfin, le service des tramways, reliant la cité de Lille à celles de Roubaix et de Tourcoing, souffrait de l'obligation qui lui était imposée de fonctionner sur une seule voie, à la traversée des remparts. La société des tramways menait une vive campagne, en vue d'obtenir le démantèlement.

Le démantèlement de Lille était donc demandé par une portion notable de la population. Il figurait dans le programme électoral de candidats de tous les partis.

Ainsi, pendant que « Nancy, ville ouverte, revendiquait l'honneur d'être défendue et d'exposer aux premiers coups de l'ennemi sa beauté et ses incomparables trésors » (1), Lille, place forte, guidée par des intérêts financiers, demandait à devenir ville ouverte

___

(1) *Le secret de la frontière*, page 90.

***

Un projet de déclassement fut déposé en 1911, à la Chambre des députés. La Chambre eut le tort de désigner, comme rapporteur de ce projet, un député de Lille, M. Vandamme, ancien adjoint au maire, ancien officier d'artillerie. Placé dans une situation très fausse, entre les intérêts de ses électeurs et les intérêts du pays, M. Vandamme fit un rapport dans lequel, après avoir prétendu que les agglomérations de Roubaix et de Tourcoing rendaient la défense de Lille impossible, il s'exprimait comme il suit :

Le sort des nations qui se heurteront dans le prochain conflit se jouera en rase campagne. *Les guerres seront courtes.*

Les batailles seront longues; elles mettront aux prises d'énormes masses de combattants dont la mobilisation exigera nécessairement des durées différentes. Cette mobilisation, il faudra y procéder en sécurité, à l'abri d'un rideau supporté par des places de guerre et des forts isolés. Mais, en dehors de quelques points exceptionnels, *il n'y a pas lieu de maintenir, dans notre pays, des fortifications qui n'aient aucun rôle à jouer pendant la mobilisation*, fortifications dont le seul but serait la défense d'une région déterminée. C'est à nos armées mobilisées qu'il appartient de défendre le sol national, dans toutes ses parties.

Déjà, le 2 mars 1905 — M. Vandamme étant adjoint au maire de Lille — le ministre de la guerre, alors M. Maurice Berteaux, avait accordé l'ouverture de trois brèches dans la fortification (1).

L'opposition du commandant Driant fit échouer le projet de 1911, dont la discussion fut reprise en 1912, puis en 1914.

Le 16 mars 1914, le ministre de la guerre, alors M. Noulens, annonça à la Chambre que le gouvernement soutiendrait le projet.

Le commandant Driant demanda la parole et fit la déclaration suivante :

Je remplis un devoir, en empêchant cet éventrement d'une forteresse indispensable à la défense du Nord; j'ai conscience d'être utile à mon pays.

Le général Lebas, gouverneur de Lille, se fait fort de défendre le camp retranché, en dépit des difficultés locales. Je suis persuadé qu'un chef décidé à tenir énergiquement conserverait Lille à la France, pendant une vingtaine de jours, au moins.

« Vingt jours, c'est peu », répondit M. Vandamme.

Non! Ce n'est pas trop peu. Vingt jours, pendant lesquels le général Herment aurait tenu sous son feu certains passages de l'ennemi; vingt jours, pendant lesquels les forces allemandes immobilisées devant Lille n'auraient

______

(1) *Le secret de la frontière*, page 90.

pas été aux prises avec le général Joffre, c'était la marche de l'ennemi retardée, c'était la face des choses notablement changée.

*
*
*

Si la Chambre eut tort de désigner un député de Lille comme rapporteur du projet de loi portant déclassement de la place, le gouvernement commit une faute plus grave encore en désignant le même député, chef d'escadron d'artillerie de réserve, pour occuper, en temps de guerre, l'emploi d'adjoint à l'état-major du commandement de la 1re région.

Sans doute, un officier peut avoir, sur une question militaire, une opinion différente de celle de ses chefs; cela ne l'empêche pas d'obéir aux ordres qu'il reçoit. Mais le commandant Vandamme n'était pas un officier quelconque. Comme citoyen de Lille, il subissait des influences auxquelles il lui était difficile de se soustraire. Comme candidat à la députation, il avait pris, vis-à-vis du corps électoral, des engagements qui pouvaient le gêner dans l'exercice de ses fonctions militaires.

On ne sert pas facilement deux maîtres à la fois. Le commandant Vandamme, sachant que j'étais partisan de la défense de Lille, aurait évidemment été bien aise d'avoir un autre maître que moi. Il fit des tentatives pour m'éloigner de la 1re région.

Le lundi 17 août, dans une conversation particulière qu'il eut avec le commandant Morelle, mon officier d'ordonnance, il lui fit remarquer :

que les Lillois ignoraient les envois de matériel sur d'autres places, prescrits par le ministre de la guerre ;

que, si Lille ne pouvait se défendre, le public me rendrait responsable de ces réductions d'armement ;

que je serais honni par la population ;

qu'en conséquence, je ferais bien de demander au ministre de me relever de mon commandement.

Dans la soirée du jeudi 20, il me tint, à moi personnellement, le langage qu'il avait tenu au commandant Morelle, trois jours auparavant.

J'étais allé, dans la journée, voir le général d'Amade, à Arras, et j'en avais rapporté la nouvelle que la place allait être remise en état de défense. Je répondis au commandant Vandamme :

que, déjà, avant l'arrivée du général d'Amade sur le territoire de la 1ʳᵉ région, et, à plus forte raison, depuis que cet officier général m'avait donné des ordres très précis, je ne pouvais songer à abandonner mon poste ;

que, si je demandais au ministre de me relever de mon commandement, je serais déconsidéré, non seulement aux yeux des Lillois, mais encore aux yeux de tous les Français.

L'incident montre que, comme on l'a dit souvent, ce qui est difficile, dans les circonstances dites difficiles, ce n'est pas de faire son devoir, c'est de savoir en quoi il consiste.

Pour moi, mon devoir était de m'efforcer de remplir ma mission, avec les moyens que m'avait donnés le ministre de la guerre. C'eût été manquer de patriotisme que de lui mettre, dans un pareil moment, le marché en main.

*
* *

Le désarmement partiel ordonné par le ministre de la guerre avait fait espérer aux Lillois que la place ne serait pas défendue. Aussi, jusqu'au samedi 22 août, ne fus-je l'objet d'aucune sollicitation de leur part; bien que, depuis plusieurs jours, on sût que la cavalerie allemande se dirigeât vers Lille; bien qu'on sût également que le général d'Amade avait reçu le commandement d'une armée dont le quartier général était à Arras, ce qui indiquait clairement, de la part du gouvernement, l'intention d'interdire à l'ennemi l'accès de la 1ʳᵉ région. On espérait sans doute que, si les Allemands arrivaient, tout se passerait en dehors de la ville, et que celle-ci ne serait pas bombardée.

La déception fut grande lorsqu'on apprit, le 21 au soir, que j'avais prescrit de fermer les portes et de barricader les entrées de la ville. Pour calmer l'émotion que cette mesure avait causée, j'envoyai aux journaux le communiqué suivant :

Le public s'est ému des mesures prises le 21, en vue d'assurer la défense du territoire de la 1re région. Cette émotion est injustifiée. Certains renseignements ayant donné lieu de penser que l'ennemi se trouvait en forces à quelques journées de marche de Lille, l'autorité militaire avait le devoir de prendre les dispositions nécessaires pour mettre les villes de Lille, Roubaix et Tourcoing à l'abri d'un coup de main. Ces dispositions ont été prises. Les forces réunies autour de Lille permettent de faire face à toute éventualité.

Le lendemain samedi 22 août, à 10 heures, je reçus la visite de M. Delesalle, maire de Lille, accompagné de M. Trépont, préfet du Nord, de MM. les sénateurs Debierre et Potié.

« Notre population, me dit M. le maire, serait
« assez patriote pour supporter les horreurs
« d'un siège, si la place était en état de faire
« une défense sérieuse. Mais il n'en est rien.
« Votre détermination expose donc inutilement
« mes concitoyens à des représailles redouta-
« bles. »

Je répondis à M. le maire:

« que je n'avais qu'à exécuter les ordres de mes chefs;

« que, personnellement, je jugeais Lille capa-
« ble, dans son état actuel, de prêter un appui
« très sérieux aux opérations des troupes de
« campagne;

« que ce serait une honte d'abandonner à l'en-
« nemi, sans résistance aucune, cette portion du
« territoire national;

« que si la place tenait seulement quinze
« jours, ce seraient quinze jours pendant les-
« quels les troupes ennemies, ainsi tenues en
« échec, ne se trouveraient pas en face du gé-
« néral Joffre. »

Afin qu'il restât trace de cet entretien, j'envoyai à la presse un communiqué ainsi conçu :

« Certaines personnes se sont émues des mesu-
« res prises pour remettre la place et les forts de
« Lille en état de défense. Cette émotion est
« injustifiée.

« La première région est une portion du ter-
« ritoire national comme les autres, dont l'accès
« doit être interdit à l'ennemi, comme on inter-
« dit l'accès de toutes les autres.

« Si cette région ne contenait pas de fortifica-
« tions, on opposerait à l'envahisseur simplement
« des troupes de campagne. On remuerait alors
« la terre; on construirait des ouvrages de cir-
« constance, comme on le fait dans toutes les
« opérations défensives.

« Des ouvrages existent; il serait étrange qu'on
« ne les utilisât pas.

« Si, après une résistance énergique, la garni-
« son succombe, elle aura fait son devoir, comme
« la garnison de Liége a fait le sien, en immobili-
« sant pendant un certain temps une partie des
« forces ennemies. »

Le dimanche 23, à 15 heures, je reçus la visite du général d'Amade. Je lui rendis compte de la démarche de la veille et de la réponse que j'avais faite à la députation amenée par M. le maire de Lille. Le général d'Amade me dit qu'il avait été, de la part de M. Wauquier, adjoint au maire, l'objet d'une sollicitation du même genre, et qu'il y avait fait le même accueil.

D'après une interview du maire de Lille, publiée par le *Journal* du 4 novembre 1918 (1), le général d'Amade aurait répondu que, si cela était nécessaire, il défendrait Lille rue par rue, maison par maison. Cette réponse concorde bien avec celle que le général me fit à moi-même le jeudi 20 août (2).

A 15 h. 30, le préfet du Nord, M. Trépont, se fit annoncer. Introduit dans mon cabinet, il renouvela devant le général d'Amade les observations faites le 22 par M. le maire de Lille : la place n'était pas défendable, les fortifications étaient démodées, etc., etc.

Le général d'Amade écouta d'abord M. le préfet avec beaucoup de calme. Mais, à un moment donné, ce dernier ayant déclaré tenir d'un de ses agents que les Allemands étaient aux portes de Tourcoing, et que le chef de bataillon

(1) Voir plus loin, page 63.
(2) Voir plus haut, page 21.

envoyé par moi dans cette localité s'en était
retiré, le rouge monta au visage du général
d'Amade, qui s'écria :

« Monsieur le préfet, je vous préviens que, si
« vos renseignements sont exacts, si j'apprends
« que le chef de bataillon, envoyé à Tourcoing
« par le général Percin, s'est replié sans joncher
« le sol de morts et de blessés, je le traduis en
« conseil de guerre, et demain il sera passé par
« les armes. »

Ici, il est indispensable que j'ouvre une parenthèse, car, on le verra plus loin (1), le préfet
du Nord a nié avoir jamais fait une démarche
auprès du général d'Amade. Un journal a même
déclaré, en son nom, que mes « allégations
étaient contraires à la vérité ». Or, le 11 septembre 1916, répondant à une lettre dans laquelle je lui rappelais les propos échangés le
23 septembre 1914, le général d'Amade m'a
écrit ce qui suit :

Les faits que vous invoquez, et auxquels je suis
associé comme témoin ou comme acteur, sont
d'une rigoureuse exactitude. Je suis extrêmement
frappé de la netteté de vos souvenirs. Les phrases
que vous rapportez sont la reproduction fidèle de
mes paroles.

(1) Voir pages 66 et 67.

*
**

Je ferme maintenant la parenthèse, et je reprends mon récit.

Une demi-heure après l'arrivée du préfet du Nord, le général Herment rentra de sa tournée dans les forts. Je lui fis part de la communication que je venais de recevoir, et je le priai de voir s'il était vrai que le chef de bataillon envoyé à Tourcoing s'en fût retiré. Il se rendit alors au bureau du téléphone. Le chef de bataillon interpellé lui répondit :

qu'il n'avait jamais quitté son poste ;

qu'il était en relation téléphonique constante avec ses capitaines et ses lieutenants ;

que ceux-ci étaient également à leurs postes ;

que personne n'avait vu d'Allemands.

Le préfet du Nord nous avait donc fait un compte rendu erroné, tendant à nous montrer l'impossibilité de défendre Lille, tendant à obtenir l'abandon de nos projets.

Le général d'Amade se retira. Je l'accompagnai jusqu'à la porte du quartier général. Pendant ce temps-là, le préfet du Nord, resté seul avec le général Herment, lui tint le langage suivant, dont ce dernier me rendit compte le même jour :

« Votre fortification est en mauvais état. Si Lille était comme Maubeuge, on pourrait tenir ; mais il n'en est rien. J'ai l'intention de me retirer à Dunkerque. »

Le général Herment fit observer à M. le préfet que son devoir était de rester à Lille, et d'assurer, d'une part, le ravitaillement de la cité, d'autre part l'évacuation d'une partie de la population civile. De retour dans mon cabinet, j'assistai à la fin de cet entretien.

A 17 heures, une réunion dont je n'ai eu connaissance que quatre mois après, était organisée, sous la présidence de M. le sénateur Debierre, dans un café de la ville, le café Jean, où furent convoqués les représentants de la municipalité, les sénateurs et les députés de la région. Dans cette réunion, on discuta et on décida l'envoi au ministre de la guerre d'une délégation qui partirait le lendemain 24, et demanderait que la place ne fût pas défendue.

Le préfet du Nord avait connaissance de cette réunion, dont le but était de contrecarrer les ordres du ministre de la guerre. L'état de siège lui faisait un devoir d'avertir l'autorité militaire. Il n'en fit rien. C'est bien la preuve qu'il approuvait la démarche projetée.

Cette démarche eut lieu le lendemain lundi 24, dans l'après-midi. Le maire de Lille, empêché d'y prendre part, s'était fait remplacer par un de ses adjoints.

Le lundi 24, à 8 heures du matin, le ministre de la guerre m'avait notifié téléphoniquement ma nomination aux fonctions d'inspecteur général de l'instruction des formations de la réserve et de l'armée territoriale. Le général Herment avait pris le commandement provisoire de la 1ᵉ région. J'en prévins M. le préfet à 11 heures.

Le même jour, lundi 24, à 14 heures, le préfet du Nord, accompagné de six personnes, dont le secrétaire général de la préfecture et le trésorier payeur général, se présenta au bureau du chef d'état-major, le commandant La Salle, et lui demanda si l'on avait reçu l'ordre de défendre Lille, ou de considérer cette place comme ville ouverte.

Très étonné de cette question, le commandant La Salle répondit :

qu'il la soumettrait au général Herment, à sa rentrée du fort de Sainghin;

qu'à sa connaissance, il n'avait jamais été question de considérer Lille comme ville ouverte.

Sur l'insistance du préfet, le commandant La Salle consulta téléphoniquement le général d'Amade. Ce dernier répondit qu'il n'avait reçu aucun avis à ce sujet. M. le préfet se retira, disant qu'il reviendrait, à moins que le commandant La Salle ne lui fît connaître par téléphone la décision prise par le gouvernement. Le préfet du Nord savait donc la démarche qui devait être faite dans la journée; il en attendait impatiemment le résultat.

J'étais alors présent au quartier général.

M. le préfet ne demanda pas à me voir. Il savait sans doute ce que je lui répondrais. Peutêtre se disait-il que, nommé inspecteur général d'artillerie à 8 heures du matin, et ne commandant plus la région, ce dont je l'avais informé à 11 heures, je ne tenais pas à le recevoir. Je m'explique donc à la rigueur son abstention. Mais je m'étonne que le commandant La Salle, sachant le général Herment au fort de Sainghin, ne m'ait pas prévenu de la démarche de M. le préfet du Nord. Il oublia même d'en rendre compte au général Herment à sa rentrée du front. Ce dernier ne connut la démarche que le lendemain à Arras, alors que j'avais quitté la région, et il ne put m'en informer que longtemps après.

Le résultat de l'ignorance dans laquelle le commandant La Salle me laissa d'un incident qui m'intéressait au plus haut point, bien que je ne commandasse plus la région, fut que, le 21 septembre 1914, lorsque le général Pau, chargé de l'enquête sur les événements de Lille, me demanda des renseignements sur la démarche en question, dont il avait une vague connaissance, je déclarai que cette démarche n'avait jamais été faite, ni auprès de moi, ni auprès du général Herment; j'affirmai que l'information reçue par le général Pau était absolument inexacte.

J'aurais été bien aise cependant de pouvoir faire remarquer au général enquêteur :

que, trois jours après celui où j'avais reçu l'ordre de remettre la place en état de défense;

que, deux jours après celui où l'effectif de la garnison avait été porté à 25.000 hommes, où 300 canons avaient été mis en batterie sur les remparts, où on avait accompli un effort prodigieux pour permettre à la place de faire une résistance sérieuse;

que, le lendemain du jour où nos escadrons avaient fait douze prisonniers, et les avaient ramenés par la ville, en un cortège triomphal;

que, le lendemain du jour où le général d'Amade était venu nous demander, pour l'attaque de Tournai, l'appui de notre cavalerie et celui de l'artillerie d'un de nos forts;

qu'au moment, en un mot, où dans toute la garnison, chacun se préparait à la défense active ordonnée par le ministre de la guerre;

M. le préfet du Nord, représentant du gouvernement dont il avait le devoir de faire respecter les ordres, semblait avoir connaissance d'une démarche dont le but était de provoquer l'évacuation de la place, et semblait être venu au quartier général, pour s'enquérir du résultat obtenu.

Une heure après, vers 15 heures, l'état-major reçut du maire de Lille un message téléphonique ainsi conçu :

« Le gouvernement vient d'informer le pré-

« fet que Lille est déclarée ville ouverte; que,
« par suite, la place ne sera pas défendue; et
« qu'elle doit être immédiatement évacuée par
« la troupe. Le préfet invite le maire de Lille
« à faire connaître ces dispositions à la popu-
« lation par voie d'affiches. »

L'officier d'état-major qui reçut cette communication fit observer à M. le maire que nous
n'avions reçu aucun avis du ministère de la
guerre, et que, sous le régime de l'état de siège,
il ne devait adresser aucune proclamation à la
population, sans l'approbation de l'autorité militaire.

Pas plus qu'il ne m'avait rendu compte de
la démarche faite à 14 heures par le préfet du
Nord, le commandant La Salle ne me rendit
compte du message que le maire de Lille lui
avait adressé à 15 heures. Je n'en eus connaissance que longtemps après. Il me fut donc impossible de donner au général Pau, dans ma
déposition du 21 septembre, les renseignements
circonstanciés qu'il me demandait sur cette
sorte de complot organisé par les autorités
civiles, en vue d'obtenir une évacuation contraire à l'avis de l'autorité militaire. Il me fut
impossible de lui faire remarquer :

qu'avant 15 heures, le préfet connaissait la
décision ministérielle dont l'état-major n'a été
avisé qu'à 15 h. 45;

que, malgré l'état de siège qui le mettait sous
les ordres du général Herment, le préfet avait

ordonné l'affichage d'une proclamation dont le texte n'avait pas été soumis à cet officier général;

que le directeur des postes et des télégraphes avait ainsi pu déménager ses appareils, avant d'en avoir reçu l'ordre de l'autorité militaire;

que, par suite, il avait été impossible au général Herment de donner à ses subordonnés les instructions dont ils avaient besoin;

que le gouvernement est donc, pour une très grosse part, responsable du désordre dans lequel s'est faite l'évacuation.

En m'envoyant, longtemps après l'évacuation de Lille, le compte rendu des événements dont l'exposé précède, le général Herment a fait les réflexions suivantes, auxquelles je m'associe entièrement :

Avant de rien faire, le préfet du Nord aurait dû considérer comme secrète la dépêche du ministre de l'intérieur et venir se concerter avec moi sur les mesures à prendre. En divulguant cette dépêche, il m'a mis dans le plus cruel embarras.

Il ne pouvait d'ailleurs ignorer que la proclamation du maire donnerait l'éveil à l'ennemi, en raison du grand nombre d'espions existant dans la place, et qu'elle risquait de nous mettre les Allemands sur les bras, au moment difficile de l'évacuation du matériel.

Nous aurions pu faire cette évacuation le 26, quand je suis revenu à Lille, si le préfet du Nord s'y était trouvé lui-même; mais il était à Dunkerque. C'est à son retour seulement que l'évacuation a pu commencer.

*
**

Par son empressement à prévenir les autorités civiles, le gouvernement a clairement montré qu'il cédait à leur pression. Il lui était plus agréable d'annoncer une bonne nouvelle que d'en annoncer une mauvaise. Or, la nouvelle de l'évacuation était bonne pour l'autorité civile, tandis qu'elle était mauvaise pour l'autorité militaire.

Bonne pour l'autorité civile? Sur le moment du moins; car, ultérieurement, les Lillois n'eurent pas lieu de s'en féliciter. Leur ville fut bombardée, occupée, saccagée, pressurée, autant que si elle avait subi ce que, dans sa visite du 22 août, M. le maire de Lille a appelé « les horreurs d'un siège ».

Pour avoir dignement subi ces horreurs, le maire de Reims, M. le docteur Langlet, a reçu la croix de la Légion d'honneur et un prix de l'Académie des sciences morales et politiques, décerné sur le vu d'un rapport de M. Liard, vice-recteur de l'Académie de Paris, rapport se terminant comme il suit :

En allant au héros simple et modeste, inconscient de sa propre grandeur, que nous vous pro-

proposons d'honorer par l'attribution du prix Audiffred, votre hommage ira aussi, et ce fut une des causes de votre choix, à la cité martyre entre toutes les cités martyres, à celle dont le supplice a retenti le plus douloureusement, dans toutes les parties du monde qui ne sont pas systématiquement fermées aux sentiments humains.

Le 14 juillet 1915, des représentants de la ville de Lille, à la tête desquels se trouvait M. Wauquier, l'adjoint au maire qui, le 23 août, avait demandé au général d'Amade que la place ne fût pas défendue, ont eu l'inconscience de provoquer le dépôt, par une délégation du conseil municipal de Paris, d'une gerbe de fleurs au pied du monument de Lille, élevé sur la place de la Concorde.

La municipalité de Lille peut multiplier ses manifestations. Elle n'en portera pas moins devant l'Histoire, avec l'état-major et le gouvernement français, la responsabilité de l'abandon de la place, la responsabilité de la violation de la loi, la responsabilité d'un véritable attentat contre la Défense nationale.

CHAPITRE IV

Le 25 septembre 1914, dans une lettre ouverte adressée à un ami (1), je me suis défendu d'avoir, le 24 août, comme le prétendait la légende, abandonné la place de Lille, où je résidais, comme commandant de la 1ʳᵉ région.

On m'a reproché de n'avoir pas attendu la fin de la guerre, pour présenter cette défense. Mais, en septembre 1914, l'opinion publique était très montée contre moi. J'avais été traité de *lâche* en pleine rue. On m'avait menacé de mort. Je ne pouvais garder le silence.

Le meilleur moyen de démentir l'information qui me représentait comme un lâche était de publier le communiqué que j'avais adressé aux journaux, le 23 août 1914, pour exhorter la population à la résistance. Ce communiqué avait été rédigé à la suite de la démarche des

(1) Voir annexe L.

autorités civiles. Je fus ainsi appelé à parler de cette démarche.

Les révélations contenues dans ma lettre ouverte ne donnèrent lieu, en 1914, ni en 1915, à aucune protestation, de la part des personnes mises en cause. M. Wauquier, adjoint au maire de Lille, se borna à écrire au *Bulletin des réfugiés du Nord*, le 10 décembre 1915, que le moment n'était pas venu d'agiter cette question.

Il n'en fut pas de même du livre de M. Engerand (1), dont l'apparition souleva, en 1918, de grosses polémiques (2).

Dans la *France libre* du 25 août 1918, M. Léon Gobert, conseiller municipal de Lille, écrivit ce qui suit :

M. le maire, qui savait Lille privée de moyens sérieux de défense, préoccupé justement des conséquences que pouvait entraîner une résistance de quelques heures, ne devant avoir aucune influence sérieuse sur la guerre, fit observer aux autorités militaires que, peut-être, c'était jouer gros jeu, pour un résultat fort aléatoire.

Il ne pouvait pas ne pas formuler cette protestation. Il ne pouvait pas, ayant la responsabilité de sa ville, et des deux cent vingt mille habitants qui s'y trouvaient, ne pas faire remarquer aux autorités militaires les dangers auxquels cette ville et ces habitants étaient exposés.

---

(1) *Le secret de la frontière*, cité plus haut, page 35.
(2) Voir les articles de M. Marcel Deschamps dans *La France libre* des 21, 31 juillet, 8, 13, 15, 16, 23, 25, 29, 31 août, 1er et 14 septembre 1918.

Cette thèse n'est pas soutenable. Si tous les maires des localités, à l'intérieur desquelles une troupe peut être amenée à combattre, allaient trouver le commandant de cette troupe, pour lui faire observer :

que la population court de graves dangers;

que la résistance ne peut être bien longue;

que c'est jouer gros jeu, pour un résultat fort aléatoire;

que leur devoir est de protester;

il n'y aurait pas d'opérations militaires possibles.

Si respectables que soient les intérêts des populations civiles, ils ne peuvent primer les intérêts de la défense nationale; ils ne sauraient autoriser les maires à détourner un commandant de troupe de l'accomplissement de ses devoirs militaires. Pour avoir tenu des propos du même genre, de pauvres citoyens ont été poursuivis et condamnés à des peines sévères (1).

Voici, du reste, comment, dans une interview publiée par le *Journal* du 4 novembre 1918, le maire de Lille s'est exprimé lui-même, au

---

(1) Le 14 novembre 1918, le 2ᵉ conseil de guerre de Paris a condamné Eugène Becker, trésorier de la Fédération des voitures, à 5 ans de prison et 1.000 francs d'amende, pour avoir envoyé à des soldats un tract contenant la phrase suivante :

« Il est de notre devoir de prendre position contre l'affreuse boucherie qui ensanglante le monde, et qui ne peut donner à la classe ouvrière que de la misère et de l'oppression. »

sujet de l'attitude de la municipalité. Dans cette interview, il ne souffle pas mot de la démarche qu'il fit auprès de moi, le 22 août, en vue d'obtenir que Lille ne soit pas défendue; mais il reconnaît avoir envoyé deux de ses adjoints au général d'Amade, dans le même but, et il invoque la promesse faite par le président du conseil d'alors, M. Viviani, que Lille serait considérée comme ville ouverte.

« On a dit, Monsieur le maire, que, sur la demande même de ses administrateurs, Lille n'avait pas été défendue aussi énergiquement et utilement que faire se·pouvait? »

Oui, je le sais, répondit le maire de Lille; c'est une infâme calomnie. Il faut que la vérité soit connue.

Dès la déclaration de guerre, je suis allé trouver le général Lebas, gouverneur de Lille, pour lui demander si la place possédait des approvisionnements suffisants. Le général m'apprit que Lille venait d'être déclassée; que les approvisionnements, les munitions et l'artillerie avaient été partagés entre Maubeuge et Dunkerque; qu'il avait protesté contre cette mesure, auprès de M. Messimy, lequel lui avait répondu par un blâme.

Nous restâmes, comme toute la France, dans l'ignorance absolue de la tournure prise par les événements militaires.

Le dimanche 23 août 1914, brusquement, le

commandant du génie Mercier se présenta à mon cabinet, de la part du général d'Amade, qui commandait à Arras l'armée du Nord. Il venait me demander de réquisitionner la population civile, pour aider à la mise de Lille en état de défense, en entassant aux portes des obstacles de toutes sortes. Je fus suffoqué.

A cette conversation assistait M. Lemoine, ingénieur des travaux. Il fit remarquer au commandant à quels dangers de représailles cette immixtion de la population civile dans des travaux militaires exposait la ville.

Très inquiet, j'envoyai deux de mes adjoints à Arras, voir le général d'Amade. Celui-ci refusa tout renseignement sur la situation militaire. Il se borna à dire: « S'il le faut, je défendrai Lille, rue par rue, maison par maison ».

Le sénateur Debierre, venu à la mairie, et mis au courant des déclarations du général d'Amade, s'éleva contre elles avec violence, affirmant que le Président du conseil, M. Viviani, lui avait donné l'assurance que Lille était et resterait ville ouverte.

On croit rêver en apprenant, de la bouche même de ceux qui devraient s'en cacher, qu'un président du conseil a pu faire à un sénateur des promesses contraires aux ordres du ministre de la guerre, et laisser l'autorité militaire dans l'ignorance de ces pourparlers.

On croit rêver en apprenant qu'un sénateur français a protesté *avec violence* contre l'intention d'un général français de défendre une ville française, rue par rue, maison par maison. Je doute que le sénateur Debierre accepte cette interprétation de sa pensée.

On croit rêver enfin en apprenant que le maire de Lille traite *d'infâmes calomniateurs* ceux qui lui ont reproché ce dont il est le premier à se vanter, ce dont l'a loué M. Léon Gobert, conseiller municipal de Lille, en écrivant dans la *France libre* du 25 août 1918, au nom du maire de Lille, que ce dernier ne pouvait pas ne pas faire la démarche du 22 août 1914, ayant la responsabilité de sa ville et des 220.000 habitants qui s'y trouvaient.

Sans doute, ce ne sont pas les représentants de la municipalité qui ont décidé l'abandon de la place. Ils l'ont simplement proposé. La décision ne pouvait être prise que par le gouvernement. Mais, en faisant la proposition, ils ont engagé, autant qu'ils le pouvaient, leur propre responsabilité.

***

Quant à l'intervention du préfet du Nord, elle est plus condamnable encore; car ce haut fonctionnaire était à Lille le représentant, non pas de la population civile, mais du gouvernement, dont il aurait dû faire respecter les ordres. Il s'est si bien rendu compte de l'incorrection de son attitude, que, tout d'abord, il a nié avoir fait partie de la délégation qui est venue me trouver le 22 août.

Peu de temps, en effet, après sa rentrée d'Allemagne, où il avait été emmené comme otage avec son secrétaire général, M. Borromée, ce dernier se présenta chez moi, et me tint le langage suivant :

« Dans une lettre du 25 septembre 1914, imprimée et répandue à un très grand nombre d'exemplaires, vous avez écrit que le préfet du Nord était venu vous trouver, le 22 août, pour vous demander que Lille ne fût pas défendue. M. le préfet m'envoie vous dire qu'il ne se souvient pas du tout d'avoir fait cette démarche. Il a toujours été, quand vous commandiez la région, d'accord avec vous, au sujet des mesures à prendre dans l'intérêt de la défense. L'attitude que vous lui prêtez est en contradiction formelle avec celle qu'il a prise, au moment de la deuxième occupation allemande. Il a été alors l'âme de la résistance, et cela lui a valu les rigueurs que vous savez.

« M. le préfet vous a toujours défendu. Ne pourriez-vous pas envoyer aux journaux une note corrigeant le mauvais effet qu'a produit votre lettre de 1914 ? »

Je répondis au secrétaire général :

que mes souvenirs étaient très précis;

que leur exactitude pourrait être attestée par l'officier auquel s'est adressée la délégation, le 22 août, pour obtenir de moi une audience;

qu'ayant quitté Lille le 24 août, j'ignorais ce qui s'était passé lors de la deuxième occupation allemande, et que je n'avais aucune qualité pour apprécier le rôle qu'avait pu jouer le préfet du Nord, dans cette circonstance.

Mon visiteur n'insista pas.

Deux ans se passèrent sans que le préfet du Nord revînt sur la question. A l'apparition du livre de M. Engerand, il écrivit à ce dernier qu'il reconnaissait « s'être rencontré » au quartier général de Lille avec la délégation venue, le 22 août, me demander que la place ne fût pas défendue, mais qu'il n'avait pas pris la parole, et que, depuis, il n'avait fait aucune démarche auprès du général d'Amade.

Ignorant que ce dernier m'eût adressé, le 11 septembre 1916, la lettre dont j'ai cité plus haut un passage (1), la *France libre* publia, en 1918, une série d'articles (2) où elle soutenait la thèse suivante :

1° Le préfet du Nord ne peut avoir demandé, en août 1914, qu'on ne défende pas Lille, puisqu'il a été l'âme de la défense, le mois suivant.

2° Tout le monde sait d'ailleurs que Lille avait été déclarée ville ouverte le 1ᵉʳ août. Le préfet du Nord n'avait donc pas besoin de le demander.

Je répondis à la *France libre* :

1° que l'attitude du Préfet du Nord, après mon départ de Lille, pouvait avoir été digne

(1) Voir page 49.
(2) Voir le nota (2) de la page 60.

des plus grands éloges; mais que ce qui s'était passé à ce moment-là n'avait rien à voir avec les événements du mois d'août;

2° que Lille n'avait pas été déclarée « ville ouverte » le 1er août 1914, mais simplement privée de quelques-uns de ses moyens de défense;

que, le 22 août, après restitution d'une partie de ces moyens, elle avait été remise en état de défense;

que j'avais alors reçu du gouvernement l'ordre de résister;

que c'est contre cet ordre que le Préfet du Nord est venu protester.

Malgré ces explications, la *France libre* publia, le 16 août 1918, un démenti ainsi conçu :

Nous sommes autorisés par M. le préfet du Nord, comme conclusion à la lettre de M. Engerand, parue dans notre dernier numéro, à affirmer que jamais M. Trépont n'a fait auprès de qui que ce soit une démarche pour demander que Lille fût déclarée ville ouverte, et qu'il s'inscrit en faux contre les allégations apportées à M. Engerand.

Le 29 août, dans un article intitulé « *Un démenti formel du Préfet du Nord* », répondant à une lettre que je l'avais prié d'insérer, le même journal publia ce qui suit :

Le préfet du Nord s'est déjà inscrit en faux

contre de semblables allégations, en contradiction manifeste avec son attitude et ses actes.

Que valent, devant les faits, de prétendues conversations dont on peut aisément dénaturer le sens?

Il a montré qu'il était partisan de la défense de Lille, en la faisant défendre.

C'est, en effet, grâce à son intervention que Lille abandonnée a eu des défenseurs les 4 et 10 octobre.

Seuls ergotent encore à ce sujet ceux dont la défaillance a mis le préfet dans la nécessité de prendre, à la suite de l'évacuation précipitée du 24 août, des initiatives et des responsabilités qui leur incombaient.

Dans une dernière lettre adressée à la *France libre* le 2 septembre et insérée le 14, je maintins mes affirmations, et je fis l'observation suivante :

« Vous ne ferez croire à personne que les généraux d'Amade, Herment et Percin sont trois imposteurs. »

⁎

La sincérité de mes déclarations et la droiture de mon caractère ont été attestées par le général d'Amade, dans les circonstances que voici.

Le 31 août 1916, le général Eydoux, commandant la région du Nord, m'avait adressé, de Boulogne-sur-Mer, la lettre suivante :

Par note du 24 août 1916, le général Joffre m'a invité à procéder à une enquête, en vue de déterminer les actes caractérisés de M. Trépont, préfet du Nord, qui paraîtraient de nature à constituer les faits de guerre visés par la loi du 8 avril 1915 et le décret du 23 avril de la même année.

J'ai pensé, qu'ayant exercé le commandement de la 1re région après la mobilisation, vous seriez à même de m'éclairer.

J'ai l'honneur de vous demander de vouloir bien me faire connaître votre avis, en indiquant, s'il y a lieu, les faits que je pourrais invoquer en faveur de M. Trépont.

Il s'agissait de faire obtenir à M. Trépont la croix de commandeur de la Légion d'honneur, croix qui lui a été accordée.

Dans un rapport du 5 septembre 1916, j'exposai au général Eydoux le rôle que le Préfet du Nord avait joué à Lille, jusqu'au 25 août 1914. Je terminai ce rapport comme il suit :

Je ne puis, dans ces conditions, émettre un avis favorable à l'attribution d'une récompense quelconque à M. Trépont, avec qui, je m'empresse de le dire, je m'étais jusqu'alors parfaitement entendu.

Il paraît que, depuis, l'attitude du préfet du Nord a été digne d'éloges. Mais, je ne commandais plus la région; je ne l'ai su que par les journaux.

Le 11 du même mois, le général d'Amade, à qui j'avais envoyé une copie de mon rapport, m'adressa la lettre dont j'ai donné plus haut un extrait (1), et dont voici d'autres passages :

J'avais reçu directement du général Eydoux la même demande d'information et d'avis à laquelle vous avez répondu, avec une précision et une franchise auxquelles je ne puis que rendre hommage. Pour la période de votre commandement de la 1re région, je me rallie à votre avis, comme je me rallie à celui du **général Herment**, pour la période des journées d'évacuation des 24, 25 et 26 août. Pour la suite, M. Trépont a effectué, avec ses propres moyens, l'évacuation d'un matériel de guerre énorme. Son attitude a été ferme et digne devant les autorités allemandes, qui l'ont menacé de mort.

Pour cette attitude et cette fermeté, qui lui valurent la captivité, il faut envisager les choses sous un jour différent. J'ai donc, pour cette période, disjointe de la première, donné un avis favorable. Je n'en respecte pas moins votre manière de voir, qui est celle, je le proclame, d'un juge intègre, uniquement soucieux de la vérité.

Il ne reste donc rien des démentis formels que la *France libre* m'a infligés, au nom de M. Trépont. Le débat se termine, au contraire, à la confusion de mes contradicteurs, puisqu'il aboutit à la production d'une lettre du général d'Amade, attestant la précision de mes dires, et proclamant que je suis un juge intègre, uniquement soucieux de la vérité.

(1) Voir page 49.

CHAPITRE V

L'ERREUR DE L'ÉTAT-MAJOR FRANÇAIS

Ainsi que je l'ai dit dans le Chapitre Ier, l'état-major français ne croyait pas, avant la guerre, à la possibilité du mode d'invasion qui amena l'ennemi sous les murs de Lille.

Et cependant, dans deux brochures parues en 1913, reproduisant des études publiées en 1912 par le *Journal des Sciences Militaires* et par la *France Militaire*, le général de brigade Herment, ancien commandant de l'artillerie du 1er corps d'armée, avait prophétisé ce mode d'invasion, avec une sûreté de vues et des précisions remarquables (1).

Dans des conférences publiques, le général Lebas, gouverneur de Lille, protesta contre le

(1) *L'état des forteresses belges et sa répercussion sur la défense de notre frontière du Nord.* Paris, Lavauzelle, 1913. *Considérations sur la défense de la frontière de Paris* Chapelot, 1913.

projet de déclassement de cette place. Le Ministre de la Guerre chargea le commandant du 1er corps d'armée d'inviter le général Lebas à cesser sa campagne.

Peu de temps après, le général Lebas fut appelé à Paris, où il eut une conférence avec le général de Castelnau, 1er sous-chef d'état-major de l'armée au ministère de la Guerre, le principal auteur de notre plan de concentration.

Le général de Castelnau ne croyait pas à l'intervention des réserves allemandes, dans les premières batailles; il n'avait pas confiance. non plus, dans les réserves françaises; il avait même dit : « Donnez-moi 700.000 soldats de métier, et je ferai le tour de l'Europe. »

Chiffres en mains, carte sous les yeux, il exposa au général Lebas :

que, pour envahir la France, les Allemands ne disposeraient guère que d'un million d'hommes;

qu'avec cet effectif, ils ne pourraient étendre leur front, de Belfort jusqu'à Lille, sans risquer de se faire couper en deux;

que l'invasion de la France, par la rive gauche de la Meuse, *serait tout ce que nous pourrions désirer de plus heureux.*

Le 7 août 1914, le général Lanrezac, commandant notre 5e armée, qui avait prévu, lui, ce mode d'invasion, et qui, à plusieurs reprises, avait signalé au commandement le danger dont sa gauche était menacée, envoya au grand quartier général son chef d'état-major, porteur d'un rapport circonstancié, où il exposait sa crainte que les Allemands ne missent sa gauche en péril. Le représentant du général Joffre répondit au porteur :

« Comment ! le général Lanrezac revient
« encore sur sa crainte d'être débordé sur sa
« gauche ! Une telle éventualité n'est pas à
« redouter. Au surplus, si elle se produisait, ce
« serait tant mieux (1) ! »

Le 14 août, le général Lanrezac se décida à aborder directement le général Joffre. Ce dernier lui répondit :

« Nous avons le sentiment que les Allemands
« n'ont rien de prêt par là. »

A peine le général Lanrezac était-il parti, que la 3ᵉ division de cavalerie, en reconnaissance sur Libramont, signalait des détachements ennemis marchant dans la direction de Dinant. Le général Lanrezac envoya aussitôt un télégramme au général Joffre. C'est le 15 seulement qu'il reçut de ce dernier l'ordre qu'il sollicitait depuis huit jours.

Le 12 août, M. le député Pierre Renaudel, ayant appris que les Allemands avaient passé la Meuse et se dirigeaient vers l'Ouest, fit part à M. le député Marcel Sembat de l'étonnement

____

(1) Gabriel Hanotaux. *Histoire illustrée de la guerre de 1914.* V. page 240.

qu'il éprouvait de voir Lille en dehors de la zone des armées. M. Marcel Sembat n'était pas encore ministre des travaux publics; mais il était l'agent de liaison du groupe socialiste avec le gouvernement, dont il connaissait les projets. Il répondit à M. Renaudel :

« L'état-major n'a aucune inquiétude. Il assure que le mouvement des Allemands vers l'Ouest est très dangereux pour eux. »

Vers la même époque, M. Mauclère, contrôleur général de l'administration de l'armée, attaché au ministère de la guerre, personnellement lié avec le général de Castelnau dont il connaissait bien la pensée, fit la même réponse à M. Jean Cazelles, avocat à la cour d'appel, qui manifestait le même étonnement.

En 1902, le commandant Vouillemin, officier d'ordonnance d'un membre du conseil supérieur de la guerre, avait publié une brochure tendant à démontrer l'impossibilité d'une attaque allemande par la rive gauche de la Meuse. Il concluait à l'inutilité des défenses de la frontière du Nord.

Dans son étude intitulée *Question d'actualité* (1ʳᵉ série 1906, 2ᵉ série 1911), le général Bonnal cantonnait également l'opération sur la rive droite de la Meuse.

Il en était de même du général Maitrot, dans son article sur *l'offensive allemande par la Bel-*

gique, paru dans le *Correspondant* du 10 septembre 1911.

Le colonel Arthur Boucher publia alors, sous le titre *La France victorieuse dans la guerre de demain* (1), un ouvrage contenant une carte où l'on voyait les deux armées adverses échelonnées de Belfort à Verdun. Il évaluait, page 89, l'armée allemande à moins d'un million d'hommes. Il déclarait, page 83, que les Allemands ne sauraient, sans violer un principe fondamental, distraire une partie de leurs forces du théâtre principal, pour tourner notre frontière en violant la neutralité belge.

« Postons-nous fièrement, écrivait-il, devant notre belle ville de Nancy; nous aurons six chances de repousser l'adversaire et aucune d'être battus. »

Le colonel Arthur Boucher avait été chef d'un des bureaux de l'état-major de l'armée, au ministère de la guerre. Ses idées étaient celles de l'état-major français.

Et en effet, avant de soutenir, devant la Chambre des députés, le projet de loi portant déclassement de la place de Lille, M. Vandamme avait consulté l'état-major de l'armée. On lui avait répondu :

« Nous n'avons rien à craindre. Les Allemands

(1) Berger-Levrault, Paris 1911.

n'auront que 25 corps d'armée. Une attaque par la rive gauche de la Meuse n'est pas possible (1). »

En 1913, le lieutenant-colonel Buat, ancien officier d'ordonnance du général vice-président du conseil supérieur de la guerre, ancien professeur à l'Ecole supérieure de guerre, publia une brochure dans laquelle, pour frapper l'opinion publique, il feignait d'avoir, voyageant en Allemagne, trouvé le plan de concentration de l'ennemi dans un compartiment de chemin de fer (2). C'était un moyen de dire ce qu'il croyait de l'attaque allemande, et ce qu'il fallait faire pour s'y opposer.

Dans cette brochure, le lieutenant-colonel Buat affirmait :

que les Allemands entreraient en France avec 22 corps d'armée, représentant un effectif de 1.300.000 hommes, dont 900.000 de d'armée active, formant la masse de choc, et 400.000 réservistes ;

que les troupes de réserve recevraient des *missions secondaires*, telles que l'occupation des territoires conquis ;

que cette armée, se couvrant simplement dans la direction de Huy et de Namur, se dirigerait, par la rive droite de la Meuse, sur la portion nord de la frontière française qui s'étend à l'est de Mézières ;

<hr>

(1) *Le secret de la frontière*, page 164.
(2) *La concentration allemande*. Chapelot, 1913.

que, par conséquent, nos armées devaient être disposées face au Nord-Est, sur un front s'étendant de Belfort à Mézières.

Une carte très claire indiquait les mouvements de l'ennemi, et les emplacements des armées françaises.

Le lieutenant-colonel Buat révélait ainsi notre plan de concentration.

En possession de ce document qu'ils trouvèrent dans le commerce, les Allemands ne pouvaient hésiter à violer la neutralité belge, à passer sur la rive gauche de la Meuse et à envahir la France par la frontière nord.

La guerre ayant été déclarée, le lieutenant-colonel Buat devint chef d'état-major du général Pau, puis chef de cabinet de M. Millerand. Il fut promu successivement colonel, général de brigade et général de division. Il fut pourvu du commandement d'un corps d'armée, puis de l'emploi de major général des armées françaises.

Si l'on rapproche cet avancement rapide de la disgrâce du général Lanrezac, relevé de son commandement à la suite de la défaite de Charleroi, on s'explique la réflexion de M. Fernand Engerand :

« Le plus grand tort d'un soldat, c'est d'avoir raison (1). »

La brochure du lieutenant-colonel Buat avait

____

(1) *Le secret de la frontière*, page 95.

fait beaucoup de bruit en 1913. Aussi, le 4 août 1914, le *Temps* écrivit-il ce qui suit :

« Il n'est pas admissible que les Allemands commettent la faute d'opérer à la fois sur les deux rives de la Meuse. Il y a gros à parier qu'ils limiteront leurs opérations sur les deux provinces du Luxembourg belge et de Namur. »

Après l'entretien que j'eus, le 20 août 1914, avec le général d'Amade (1), ce dernier fit appeler le général de Vassart, son chef d'état-major, et lui notifia devant moi les décisions que, sur ma proposition, il venait de prendre pour l'organisation de la défense de Lille, savoir :

formation de bataillons de marche ;

appel aux ressources de la garnison de Douai ;

désignation du général Herment comme commandant de la défense ;

mise en batterie des bouches à feu sur les remparts ;

occupation des forts par l'infanterie ;

exécution des travaux prévus par le colonel Gengembre.

Le général de Vassart répondit :

« Je vous assure, mon général, qu'en réarmant les forts et en les faisant occuper par l'infanterie, vous dépassez les intentions du Grand Quartier Général. Il n'a jamais été question que de barrer les routes, et d'y placer de petits postes d'infanterie. »

(1) Voir plus haut, page 10.

J'insistai pour l'occupation des forts, ceux-ci étant précisément situés sur les points d'où on pouvait le mieux battre les routes, avec le fusil. Le général d'Amade se rangea à ma manière de voir, sous la réserve de l'approbation ultérieure du général Joffre.

En me reconduisant jusqu'à la porte du quartier général, le général de Vassart me déclara, avec la plus grande assurance, accompagnant cette déclaration de haussements d'épaules significatifs, que les Allemands ne viendraient jamais à Lille. Or, ils y furent huit jours après.

Le 24 septembre 1915, le général Malleterre, un des représentants les plus autorisés de l'état-major français, car il se flattait d'être l'élève du général Bonnal, du général Maillart, du général Langlois, et il avait été lui-même professeur à l'École supérieure de guerre, fit paraître dans le *Temps* un article où il exposait, qu'au début des hostilités, nos armées avaient été disposées face au nord-est, de Belfort à Mézières, notre ambition étant de régler le conflit sur les champs de bataille d'Alsace-Lorraine, si souvent visités par les élèves de notre école supérieure de guerre, et il s'écria lyriquement :

« Alsace-Lorraine! Terre promise! Qui de nous eût douté que nous marchions vers elle?

« Qui de nous songeait à d'autres combats que ceux qui s'engageraient en terre lorraine, pour la délivrance de notre Alsace, de nos Vosges, de notre chère Lorraine?

« Qui donc songeait à Charleroi? »

Certes, dans l'état-major français — c'est là son crime — personne ne songeait à Charleroi; mais d'autres y songeaient. Parmi ces derniers, je citerai les généraux belges Brialmont et Desjardin, les généraux français Séré de Rivière, Béziat, Herment, Lebas, le colonel Grouard et le regretté Jaurès, pour ne parler que de ceux qui, à ma connaissance, l'ont écrit ou déclaré publiquement.

« Qui donc songeait à Charleroi? »

Est-il une question plus accablante pour l'état-major français? Et c'est un représentant de l'état-major français, lui-même, qui pose cette question!

*
* *

Dès le mois de septembre 1911, le général Desjardin de l'armée belge avait écrit ce qui suit :

Le danger, pour la Belgique, c'est de voir l'armée allemande traverser, comme un ouragan, nos belles et riches provinces, en utilisant notre admirable réseau de communications. Cette armée se portera sur la frontière de France, par la trouée de Chimay, aux sources de l'Oise. Elle saisira le point stratégique Hirson-Rocroy lui permettant de tourner et de prendre à revers l'aile gauche de l'armée française.

Si l'armée allemande devait se borner à rester sur la rive droite de la Meuse, dans nos Ardennes accidentées, régions moins habitées et moins riches, autant lui vaudrait renoncer à violer la neutralité belge, et emprunter la voie Trèves-Luxembourg-Longwy.

Le général belge Brialmont (1), les généraux français Séré de Rivière, Béziat (2), Herment (3) et le colonel Grouard (4) n'avaient pas été moins explicites.

Voici ce qu'avait écrit le général Herment :

Dans la situation où se trouve l'Europe, on projette de raser les fortifications de Lille, ainsi que les forts d'Hirson, de Maulde et de Flines. Quand ce sera fait, il existera, entre Maubeuge et Dunkerque, une énorme trouée; notre frontière du Nord ne sera plus protégée. Est-il donc à supposer qu'elle ne sera pas attaquée? Croit-on que la neutralité de la Belgique nous mettra à l'abri de toute tentative d'envahissement?

Grâce à la disposition de leurs lignes de chemin de fer, les Allemands peuvent jeter rapidement une armée dans la trouée de Chimay; mais ils ne se borneront pas à nous attaquer par là. S'ils se décident à violer la neutralité belge, ils ne le feront pas timidement; ils n'hésiteront pas à tourner par

(1) *Le secret de la frontière*, page 76 et suivantes.
(2) *Loc. cit.*, page 64.
(3) Brochures déjà citées. *Le secret de la frontière*, pages 74, 80, 95, 164, 183, 237, 437 et 562.
(4) *La guerre éventuelle*. Paris. Chapelot, 1913.

le Nord les placés de la Meuse. Et c'est le moment que l'on choisit pour désorganiser nos frontières!

En vérité, le fort d'Hirson ne fut pas déclassé. On le conserva, comme seul gardien de la trouée de l'Oise; mais en quel état? « Le fort était, pour le gouverneur qui y résidait, sans garnison en temps de paix, une fort agréable maison de campagne, ombragée par de beaux arbres poussés sur les glacis. Le terrain voisin, d'où on avait les plus belles vues, servait de demeure à un Allemand qui y vivait paisiblement. Les ponts-levis étaient rouillés. La tourelle à éclipse servait de grenier à foin. Quelques canons, mais pas d'obus; pas là moindre mitrailleuse (1). »

*
* *

Dans ses écrits, le général Herment ne s'était pas placé seulement au point de vue des opérations militaires; il avait envisagé également l'intérêt qu'auraient les Allemands à s'emparer, dès le début de la guerre, des immenses ressources de la région du Nord. Voici ce qu'il écrivit à ce sujet :

Croit-on que l'ennemi ne cherchera pas à mettre la main sur les richesses de cette région? En nous privant de charbon et des produits de l'industrie, en prélevant des contributions en argent qui se chiffreront par des centaines de millions,

(1) *Le secret de la frontière*, page 302.

il obtiendra des résultats trop considérables pour ne pas jeter sur cette portion du territoire des détachements de cavalerie et d'infanterie.

N'est-il pas inouï de mettre ces richesses à la portée de l'ennemi, en lui montrant qu'on ne les défendra pas? N'est-ce pas le tenter que d'agir ainsi? N'aurons-nous pas besoin de ces ressources pour continuer la lutte? Ce ne sont pas les départements du midi qui nous les fourniront. Il faudra donc nous adresser à l'étranger; mais à quel prix?

Malheureusement, l'état-major français ne se doutait pas de l'importance que prendrait la question industrielle dans la guerre moderne. Il est navrant de rapprocher son ignorance, en cette matière, de la compétence de l'ennemi. Dans le *Kœlnische Zeitung* du 15 janvier 1917, le conseiller des finances Haux a écrit ce qui suit :

L'Allemagne ne doit qu'à l'ignorance de ses ennemis, sur les questions du fer et du charbon, d'avoir pu continuer, sans aucune gêne, sa fabrication industrielle. Ses grands bassins miniers sont exposés à nos coups. L'avance française d'août 1914 aurait pu aisément menacer le bassin de la Sarre. Les mines de Lorraine sont à la frontière même. Les Français auraient pu anéantir aisément, dès les premiers jours, toutes les superstructures, avec des pièces à longue portée, et en paralyser l'activité.

Voici enfin l'aveu d'un métallurgiste, le D[r]

Reichert, aveu que l'on trouve dans la revue *Wirtchaftzeitung der Centralmaetche* du 7 décembre 1917 :

Si nous ne possédions Briey, nous aurions été depuis longtemps vaincus; car nous n'aurions pu produire en suffisance le fer et l'acier. Nous n'aurions pu approvisionner, comme il le fallait, notre armée, notre marine, et les armées de nos alliés. Briey nous a sauvé la vie.

Ainsi, pendant que les Allemands, en vue de la véritable débauche de munitions que préconisait leur règlement de manœuvre d'artillerie, préparaient la défense des territoires qui leur fourniraient de l'acier, et l'envahissement de ceux qui pouvaient en fournir à l'artillerie française, pendant qu'ils songeaient à Briey, l'état-major français ignorait Lille. Il avait probablement dit de cette place ce qu'il avait dit de Paris : « C'est une ville comme une autre. »

Pendant, enfin, que les Allemands entretenaient, à l'usine d'Essen, l'activité que l'on sait, nos établissements militaires métallurgiques étaient outillés en vue d'une production journalière dérisoire. On n'avait pas organisé *la mobilisation de l'industrie civile.*

Nous avions cependant à Berlin un attaché militaire originaire de l'artillerie, le colonel d'état-major Pellé, dont on a fait, depuis, un général de division, major général des armées, pour le récompenser, sans doute, d'avoir dit, avant la guerre :

« L'armée allemande n'existe que sur le papier. C'est une armée de façade. »

Il fallait que l'état-major français connût bien mal les Allemands :

pour croire qu'ils ne chercheraient pas, comme l'avait prédit le général Herment, à s'emparer des richesses de Lille;

pour croire que, du moment qu'ils se décidaient à violer la neutralité belge, ils ne se dirigeraient pas sur Paris, comme l'avait prédit le général Desjardin, par le chemin le plus facile;

pour croire qu'ils feraient aux Français, comme le souhaitait le général Malleterre, le plaisir d'aller se heurter aux défenses de Lorraine.

Le chemin qu'ils choisirent était d'ailleurs le plus court. Si l'on trace, en effet, une ligne droite de Paris à Berlin, on constate que Charleroi n'est qu'à 75 kilomètres à l'Ouest de cette ligne, tandis que Nancy en est à 150 kilomètres du côté Est.

Au surplus, on lit, à la page 337 de la traduction française du dernier volume du livre que le général von Bernhardi a publié, en 1911, sous le titre *La guerre d'aujourd'hui* :

Le plan offensif de l'Allemagne contre la France consistera à pousser l'aile droite vers l'Ouest, à travers la Hollande et la Belgique, l'extrême droite longeant la mer, pendant que l'aile gauche esquivera le choc de l'adversaire.

Dans la dernière partie de *La guerre du temps présent*, le général von Falkenhausen soutient la même thèse; mais il feint de croire l'Allemagne incapable d'une pareille noirceur; c'est la France qu'il soupçonne de vouloir violer les traités.

Jaurès avait lu le livre de Falkenhausen. Il le cite, page 517 de *l'Armée nouvelle*.

Le 17 juin 1913, à la Chambre des députés, il s'est exprimé comme il suit :

Quand l'hypothèse de l'accroissement des effectifs allemands s'est vérifiée, vous deviez vous tourner vers la France et lui dire :

« Ce que nous avions prévu s'est réalisé, plus vite même que nous ne l'avions prévu. A toi de redoubler d'énergie. Ta ligne de fortification qui ne couvre que la frontière de l'Est, doit couvrir maintenant, pour des éventualités nouvelles, la frontière du Nord. Hâte-toi; construis de nouvelles forteresses. »

Le 28 septembre 1913, il a écrit, dans la *Revue de l'enseignement primaire* (1) :

Notre frontière de l'Est est défendue, depuis le Jura jusqu'à Verdun; mais la frontière belge est ouverte. Or, les Allemands ne cachent pas leur

(1) Paris, 15, rue de Cluny.

intention de nous assaillir, à la fois, par Nancy et par Namur; et, sur le front Nord-Est, notre haut commandement n'a prévu aucune forteresse.

Il est vraiment inconcevable que l'état-major français, qui devait avoir lu Falkenhausen, Bernhardi, Desjardin, Brialmont, et les auteurs français tels que les généraux Séré de Rivière, Béziat et Herment, n'ait pas vu, comme Jaurès, de quel côté se trouvait la vérité.

D'où provenait cet aveuglement?

Au cours de la discussion de la loi de trois ans, M. le député Bénazet a dit, à la Chambre :

L'Allemagne renonce, une fois pour toutes, à l'emploi immédiat — j'insiste sur le mot, parce que tout est là — des formations de pure réserve, dès le début de la campagne. C'est avec une armée relativement petite, mais de qualité supérieure, qu'elle prétend porter un coup décisif (1).

MM. Paté, Driant, Joseph Reinach, Etienne et Messimy ont parlé dans le même sens.

L'Etat-Major, lui-même, croyait :

que l'armée allemande de premier choc serait presque exclusivement composée de troupes actives (2);

(1) *Journal officiel* du 20 juin 1913, page 2062, colonne 3.
(2) Général de Lacroix. *Le Temps* du 2 avril 1913.

qu'elle recevrait un faible appoint de réservistes, recrutés sur place (1) et choisis dans les
plus jeunes classes, ce qui lui permettrait de
se mobiliser en un temps très court et de laisser
en arrière les hommes ayant femme et en-
fants (2) ;

qu'elle exécuterait ainsi contre nous une
offensive foudroyante, excluant l'emploi des
réserves (3) ;

que le sort des armées serait réglé en quelques semaines (4) ;

que les troupes de réserve allemandes ne
prendraient pas part aux premières batailles;
qu'elles arriveraient plus tard, qu'elles recevraient alors des missions secondaires, notamment celle d'occuper les territoires conquis (5).

Tout cela a été dit par nos commissaires du
gouvernement, sinon dans ces mêmes termes,
du moins sous des formes équivalentes, à la
Chambre, au Sénat et à la Commission de l'armée. Cela avait été dit, à la fin de février 1913,
par les deux grands journaux du soir qui ont
annoncé les projets du gouvernement et qui

(1) Général Pau. Séance du Sénat du 31 juillet 1913.
Journal officiel, page 1276, colonne 2.
(2) Loc. cit., colonne 3.
(3) *Le Temps* du 21 février 1913.
(4) Répondant à une question de Jaurès, dans une séance
de la commission de l'armée, le général Joffre a dit que,
quand les réserves seraient prêtes, l'affaire serait réglée.
(5) Dans son discours du 31 juillet 1913, le général Pau
a dit que les troupes de réserve auraient pour mission de
libérer des troupes actives qui rentreraient ainsi dans l'ordre de bataille. *Journal officiel*, page 1275, colonne 1.

passaient pour exprimer les idées de l'état-major français.

L'un de ces journaux a ajouté :

que Guillaume II ne voulait pas de pères de famille dans les armées de première ligne;

que, d'après von der Goltz, il faut des hommes jeunes pour les hécatombes des premières batailles;

que, d'après Clausewitz, l'armée active est le fer de la lance guerrière; que partout où elle passe, le reste suit (1).

L'autre journal a dit :

C'est le retour à la vérité militaire et une répudiation caractéristique du système de la nation armée, erreur sociale peut-être plus grande encore qu'une erreur militaire (2).

Il est incontestable que, si les Allemands avaient exclu les pères de famille de leur offensive foudroyante, ils n'auraient pu mettre en première ligne guère plus d'un million d'hommes. Ils n'auraient pu, dès lors, étendre leur front de Belfort jusqu'à Lille, sans s'exposer à se faire couper en deux. Ce fut le principal argument de ceux qui ne croyaient pas à l'invasion allemande par la frontière du Nord.

Mais, en dépit des propos attribués, peut-être à tort, à von der Goltz, à Clausewitz et à Guillaume II, les Allemands n'entrèrent pas en

(1) *Le Temps* du 3 mai 1913.
(2) *La Liberté* du 21 février 1913.

campagne sans attendre leurs réservistes. Dès le 2 août, ils eurent sur la frontière belge 21 corps d'armée actifs portés à l'effectif de guerre par des réservistes de complément, et 13 corps de réserve (1) dont la mission fut, non pas d'occuper les territoires conquis, mais de prendre part aux premières batailles. Plus tard, sur l'ensemble des deux théâtres d'opérations, ils eurent 70 corps d'armée, dont 45 de réserve (2). Loin de répudier le système de la *Nation armée*, ils mobilisèrent des effectifs tels que, finalement, leur front put s'étendre jusqu'à la mer du Nord, en conservant une densité qui déjoua toutes les prévisions de l'état-major français.

*
* *

La formation de nos armées sur la base de concentration a été donnée par un communiqué officiel que les journaux ont inséré le 25 mars 1915 (3).

Les 1re, 2e, 3e et 5e armées étaient en première ligne, disposées face à l'est-nord-est, de Belfort à la frontière belge.

La 4e armée se trouvait en réserve à l'ouest de Commercy.

Pour répondre à la manœuvre allemande, il fallut :

faire glisser la 5e armée vers le nord-ouest,

(1) Communiqué officiel du 4 décembre 1914.
(2) *Bulletin des Armées.* Fin janvier 1915.
(3) Voir annexe LVIII.

le long de la frontière belge, jusqu'à la hauteur de Fourmies ;

intercaler la 4ᵉ entre la 3ᵉ et la 5ᵉ, sur la Meuse ;

transporter en chemin de fer les 9ᵉ et 18ᵉ corps de la 2ᵉ armée, de la droite à la gauche de la ligne de bataille.

Il fallut, en un mot, exécuter ce que, dans le *Matin* du 6 novembre 1914, le général Bonnal a appelé un « rétablissement prodigieux ».

Plus tard, pour étendre notre front davantage encore vers la gauche, il fallut donner au général d'Amade le commandement d'une armée chargée d'opérer dans la région de Lille et composée de quatre divisions territoriales, dont l'une, formée à Nantes, débarquée à la hâte, sans artillerie, sans mitrailleuse, sans cartes, sans ambulance, après un voyage de deux jours en chemin de fer, se fit battre à Tournai, le lendemain 24 août, le jour même où la place de Lille était évacuée.

Pendant ce temps-là, nos dépôts regorgeaient d'hommes âgés de moins de trente ans que l'on ne pouvait envoyer sur le front, parce qu'on manquait de cadres, de vêtements, d'armes et de harnachement.

Mal conseillés par l'état-major, les ministres de la guerre qui s'étaient succédé depuis le vote de la loi de 1905, n'avaient rien fait pour l'organisation des réserves. Les derniers employèrent, à bâtir des casernes et à entretenir une troisième classe sous les drapeaux, des fonds que l'on aurait mieux fait de consacrer à la constitution des cadres, à l'achat de vêtements et à la fabrication de fusils, pour les soldats de la nation armée.

Faute de fusils Lebel, il fallut remettre en service le fusil Gras abandonné depuis près de trente ans.

Faute de canons de 75, il fallut remettre en service le canon de 90, abandonné depuis près de vingt ans.

Faute d'avoir doté de mitrailleuses les régiments de réserve, il fallut reprendre aux régiments actifs une partie de leur dotation.

A un lieutenant-colonel commandant un régiment de la 1ʳᵉ région, qui se plaignait, avant la guerre, de l'état de dénuement du régiment qu'il aurait à conduire au feu, le général inspecteur d'Hély d'Oissel, qui reçut cette plainte, répondit :

« Vous ne serez employé qu'à garder des convois. »

Parlant des régiments d'infanterie territoriale qui composaient l'armée du général d'Amade, un officier d'état-major de la 1ʳᵉ région a dit avec mépris :

« Que voulez-vous que l'on fasse de ces régiments de pharmaciens ? »

C'était l'idée de tout l'état-major. On n'avait pas confiance dans les troupes de réserve. C'eût été une raison de leur donner plus d'artillerie.

On leur en donna moins, au contraire; et, le plus souvent, ce fut de l'artillerie de modèles anciens.

J'ai rencontré à Paris, en 1914, un chef d'escadron d'artillerie de réserve, commandant, sur le front, un groupe de 90, venu dans la capitale pour acheter des jumelles et des téléphones dont son groupe était absolument dépourvu.

On me dira que je sors de mon sujet; que le dénuement des troupes de réserve n'a rien à voir avec la défense de Lille. Les deux questions sont, au contraire, absolument connexes.

On n'a pas organisé les réserves, parce qu'on ne croyait pas à leur valeur guerrière. On y croyait encore moins pour les Allemands que pour nous. Si on y avait cru pour nos voisins, on aurait prévu que l'armée allemande de premier choc pouvait étendre son front de Belfort jusqu'à Lille, sans s'exposer à se faire couper en deux. On n'aurait pas désarmé Lille; on ne l'aurait pas évacuée; on ne l'aurait pas livrée à l'ennemi.

Imbu de cette idée que les Allemands avaient, en franchissant la Meuse, entrepris une manœuvre pleine de dangers pour eux, l'état-major fit annoncer à l'avance, par le communiqué du 16 août, que « l'attaque brusquée sur la Belgique avait lamentablement échoué ».

Les événements qu'il escomptait ainsi furent loin de se réaliser. Quinze jours après, les Allemands se trouvaient à une journée de marche de Paris.

La victoire de la Marne a été due à la valeur de nos troupes et non aux prétendues défectuosités du plan allemand. L'ennemi fut repoussé, mais nullement coupé en deux.

L'attaque des Allemands a réussi, quoi qu'en ait dit le communiqué du 16 août. Et si elle a réussi, ce n'est pas parce qu'elle a été exécutée « à l'exclusion des réserves », comme on disait en 1913 (1), mais au contraire parce qu'elle a été exécutée avec le concours de réserves nombreuses et bien organisées.

Elle aurait échoué, peut-être, si les Allemands avaient été obligés d'assiéger Lille et d'immobiliser ainsi une bonne partie de leurs forces.

Elle aurait échoué, plus sûrement encore, si notre armée de première ligne avait été forte de deux millions d'hommes.

Elle aurait échoué surtout, si cette armée, au lieu d'être disposée face à l'est-nord-est, dans la formation indiquée par le communiqué du

(1) Voir le nota n° (4) de la page 88.

25 mars 1915, avait été, je ne dis pas disposée face au nord, dans une formation analogue, en vue d'un mode d'invasion qui n'était que probable, mais rassemblée en un point convenablement choisi et dans une formation assez souple pour qu'elle pût s'ébranler vers le nord ou vers l'est, suivant les circonstances.

*****

Pour se défendre du reproche d'avoir prémédité la violation de la neutralité belge, l'état-major français avoue, dans le communiqué du 25 mars 1915, que « la totalité des armées fran-« çaises était orientée face à l'Allemagne, et « rien que face à l'Allemagne ».

Il ajoute naïvement que, si la formation avait été différente, « nous aurions pu arriver à « temps pour interdire à l'ennemi, en Belgique, « le passage de la Meuse ».

Il reconnaît d'ailleurs que « de nombreux in-« dices avaient fait redouter la violation, par « l'Allemagne, de la neutralité belge ». Et il indique la « variante au plan de concentration « qu'il étudia », en prévision de cette éventualité.

Mais, pour parer à un mouvement enveloppant d'aussi grande envergure, une variante ne suffisait pas. Il aurait fallu que notre plan de concentration fût tout autre. Il aurait fallu surtout que, grâce à une plus complète utilisation des réserves, nos effectifs fussent plus élevés.

L'erreur initiale de l'état-major, celle qui entraîna toutes les autres, ce fut de croire que les Allemands entreraient en campagne avec treize cent mille hommes seulement, ainsi que l'avait prédit le lieutenant-colonel Buat. Ce fut de ne pas croire aux réserves, ce fut de croire encore moins aux réserves allemandes qu'aux réserves françaises.

CHAPITRE VI

UN COMPLOT MILITAIRE

Parmi les grands chefs de l'armée française qui, avant la guerre, croyaient à l'emploi nécessaire des réserves dans les premières batailles, et prévoyaient l'attaque allemande de notre frontière du Nord, il en est un dont je n'ai pas prononcé le nom dans le précédent chapitre, me réservant de faire du cas de ce grand chef, fût-ce en dehors de l'ordre chronologique des évènements, l'objet d'un chapitre spécial. Je veux parler du général Michel, membre du Conseil supérieur de la guerre.

En 1910, le général Trémeau, vice-président de cette assemblée, étant subitement tombé malade, le général Michel fut désigné, au dernier moment, comme directeur des grandes manœuvres de Picardie. Je fus désigné comme chef des arbitres.

La direction des manœuvres, bien supérieure,

cependant, à tout ce que j'avais vu jusqu'alors, et à ce que j'ai vu depuis, fut vivement critiquée dans les milieux militaires. L'Etat-major n'aimait pas le général Michel, dont il connaissait le loyalisme et l'adhésion au principe de la Nation armée. En l'attaquant, il espérait l'empêcher de devenir vice-président du Conseil supérieur de la guerre.

Le général Michel fut néanmoins appelé à ces hautes fonctions. Il fit alors, au ministère de la guerre, en février 1911, une conférence dans laquelle il se permit de combattre les idées d'offensive à outrance préconisées par le lieutenant-colonel de Grandmaison, chef du 3° bureau de l'Etat-Major de l'armée; idées dont l'application nous valut, en 1914-1918, de si cruelles pertes. Dès le lendemain de cette conférence, l'Etat-Major fit au général Michel une guerre acharnée.

Au printemps de 1911, à une date que je ne puis préciser, le colonel Pétain, alors professeur à l'Ecole supérieure de guerre, me dit :

« L'armée n'a pas confiance dans le général
« Michel. Nous demandons qu'il soit remplacé
« par le général Pau. »

Vers la même époque, le colonel du génie Bernard, de l'Etat-Major de l'armée, me dit :

« Le général Michel a adressé au Ministre de
« la Guerre un rapport qui confine à la dé-
« mence. »

Enfin, le samedi 9, cinq jours après le 4 juillet 1911, date à laquelle, atteint par la limite d'âge, j'étais passé au cadre de réserve, le Conseil supérieur de la guerre m'offrit un déjeuner d'adieu, au cours duquel le Ministre de la guerre, alors M. Messimy, à la droite de qui je me trouvais placé, me déclara que le général Michel n'avait pas sa confiance. Je protestai comme je pus; mais, ce n'était pas le lieu de discuter à fond une pareille question.

Après le déjeuner, je reconduisis à pied le général Michel jusqu'à son domicile. Il me fit part de la tristesse que lui avait causée, pendant le repas, la froideur du ministre de la Guerre. Je m'abstins, bien entendu, de lui répéter ce que m'avait dit ce dernier; mais je compris que, dès ce jour, la disgrâce du général Michel était décidée. L'Etat-Major avait su circonvenir M. Messimy.

J'ai connu, depuis, le motif de cette inimitié.

✱

Le 11 février 1911, le général Michel avait adressé au ministre de la guerre, alors le général Brun, un remarquable rapport dont je reproduis l'introduction, textuellement, ci-après. C'est de ce rapport que le colonel Bernard a dit qu'il confinait à la démence.

Le conflit d'intérêts existant entre l'Angleterre et l'Allemagne va, chaque jour, grandissant, et peut, à un moment donné, nous entraîner dans une guerre qui s'étendrait à une grande partie des nations européennes.

L'Allemagne marche, depuis longtemps, par la voie économique et par la voie commerciale, à la conquête du port d'Anvers, en attendant l'occasion de s'en emparer par la force. Ses écrivains militaires ne déguisent même plus ses intentions. Ils reconnaissent, qu'en cas de guerre avec la France, ils ne peuvent songer à obtenir une décision prompte et efficace, ni en Lorraine, ni même dans la partie de la Belgique située au sud de la ligne formée par la Sambre et la Meuse. Les obstacles naturels de cette région et les défenses accumulées sur notre frontière de l'Est, arrêteraient, pour un temps assez prolongé, l'offensive immédiate, brutale, et décisive, qu'ils comptent employer contre nous, avant que les forces de nos alliés puissent faire sentir leur action.

Les Allemands rechercheront une solution définitive, au cœur même de la Belgique, objet de leurs convoitises, et terrain classique des rencontres des armées françaises et de celles d'outre-Rhin.

Il ne semble pas douteux que la Belgique tout entière ne soit le théâtre principal des opérations futures, entre la France et l'Allemagne. Il n'en est pas de mieux approprié aux conditions de l'offensive et aux nécessités de la guerre de masses.

Le réseau ferré du Rhin inférieur, très dense entre Boon, Cologne, Dusseldorff et Wesel, donne aux Allemands la faculté d'étendre leur concentration jusqu'aux confins de la Hollande. Une voie excellente, à assez grand rendement, met en communication directe Wesel et Flessingue, en tournant par le Nord les défenses d'Anvers, qui perdrait ainsi ses communications avec la mer et serait menacée dans ses œuvres vives.

Dans ces conditions, nous serions obligés, une fois de plus, de nous porter au secours de la Belgique, enveloppée sur toute sa frontière orientale.

L'Allemagne n'hésitera pas à y employer la majeure partie des 42 corps d'armée, actifs ou de réserve, qu'elle peut mettre en action dès aujourd'hui.

Nous possédons, nous-mêmes, la valeur de 40 corps d'armée, actifs ou de réserve. Une partie peut être consacrée à la défense active de la région comprise entre Belfort et Mézières; le reste serait consacré à une vigoureuse offensive en Belgique. Anvers, Bruxelles et Namur sont sensiblement à égales distances de la frontière française et de la frontière allemande.

Pour être prêts, dans cette éventualité, il serait nécessaire d'apporter à notre mobilisation et à notre concentration les modifications ci-après.

Le général Michel demandait alors que le régiment de réserve formé par chaque régiment actif du temps de paix, au lieu d'aller constituer, en dehors du corps d'armée, une unité commandée par un chef qu'il ne connaissait pas et dont il était inconnu, constituât, avec le régiment actif, une brigade commandée par le colonel de ce régiment, chacun des régiments de la brigade étant commandé par un lieutenant-colonel. Chaque brigade formait ainsi une division; chaque division formait un corps d'armée. Nous doublions le nombre de nos corps d'armée.

A l'appui de sa proposition, le général Michel faisait valoir, avec raison, que le colonel aurait ainsi intérêt à soigner la composition de son régiment de réserve; au lieu de lui passer, ce qui est assez naturel, ses plus mauvais éléments.

Ce n'était pas l'amalgame des hommes de tout âge, que l'on a réalisé pendant la dernière guerre; c'était quelque chose d'analogue à l'amalgame des bataillons de ligne et des bataillons de volontaires, sous la Grande Révolution.

*
**

Dans une séance qui eut lieu peu de temps après mon passage au cadre de réserve, au milieu de juillet, en plein incident d'Agadir, le général Michel — je tiens de lui-même ce récit — exposa son projet à ses collègues du Conseil supérieur de la guerre. Ces derniers estimèrent, comme le colonel Bernard, que de pareilles idées confinaient à la démence. Pour eux, les régiments de réserve devaient former des unités spéciales, qui ne prendraient pas part aux premières batailles, mais recevraient des missions secondaires, telles que l'occupation des territoires conquis. Le plus ardent des contradicteurs du général Michel fut le général Pau.

Prévenu de ce qui venait de se passer, jugeant l'occasion favorable pour exécuter le vice-président du Conseil supérieur de la guerre, M. Messimy vint présider lui-même la séance suivante. Il invita le général Michel à développer sa proposition. Le général Pau prit de nouveau la parole. Il obtint l'approbation unanime du Conseil. M. Messimy fit alors remarquer au général Michel qu'il était en désaccord avec tous ses collègues.

Quelques jours après, le général Michel redevenait simple membre du Conseil supérieur de la guerre; il cessait d'être le futur commandant en chef des armées françaises.

*
**

Le général Pau fut d'abord désigné pour exercer ce haut commandement; mais il émit la prétention qu'aucune nomination ne serait faite dans le cadre des officiers généraux, sans avoir reçu son assentiment.

M. Messimy pensa que le Parlement n'admettrait jamais cet empiétement du pouvoir militaire sur le pouvoir civil. Il renonça donc au choix du général Pau. Mais, le dimanche 24 juillet, le *Matin* avait annoncé la chute du vice-président du Conseil supérieur de la guerre et donné les portraits des membres du Conseil qui lui étaient opposés. Il était trop tard pour revenir au général Michel. Il fallut se rabattre sur le général Joffre, bien que ce dernier fût le

moins ancien des membres du Conseil supérieur
de la guerre; les autres membres étaient trop
près de leur limite d'âge.

Le général Joffre n'avait jamais commandé
d'armée, même sur le papier. Dans les Krieg-
spiel exécutés au Conseil supérieur de la
guerre, il remplissait les fonctions de directeur
des services de l'arrière, fonctions auxquelles il
était destiné, en cas de mobilisation. Son éléva-
tion au poste suprême de futur commandant en
chef des armées françaises l'embarrassa beaucoup. Il songea à refuser. Le général Pau vain-
quit ses hésitations, en le prévenant que, comme
auxiliaire, on lui donnerait le général de Castelnau, très au courant du service d'état-major.

En décembre 1911, dans un entretien que
j'eus avec le général Joffre, le considérant
toujours comme acquis au principe de la Nation
armée, je lui reprochai amicalement de s'être
laissé imposer la collaboration d'un homme
dont chacun connaissait les idées rétrogrades,
au point de vue militaire, et dont l'accès aux
plus hautes fonctions se trouvait ainsi assuré.
Le général Joffre me répondit :

qu'il avait besoin du général de Castelnau,
pendant six mois encore;

qu'il lui ferait obtenir, ensuite, le commandement d'un corps d'armée;

que le général de Castelnau n'irait pas au

delà, car il n'avait pas l'étoffe d'un commandant d'armée.

Trois ans après, le général de Castelnau commandait un groupe d'armées.

Dès 1913, le général Joffre se faisait, devant la Chambre des députés, le porte-parole de ceux qui l'avaient hissé au pouvoir. Comme commissaire du gouvernement, au cours de la discussion de la loi de trois ans, il défendait les idées qu'il avait combattues autrefois, les idées du général de Castelnau et celles du général Pau. Dans une séance de la commission de l'armée, il répondait à Jaurès que la guerre serait courte, et que, lorsque les réserves seraient prêtes, l'affaire serait réglée.

Nous avions donc, en 1911, la bonne fortune de posséder :

un grand chef dont la clairvoyance aurait pu nous procurer une victoire rapide;

un grand chef ayant prévu l'emploi certain des réserves allemandes, dans les premières batailles, et le mouvement enveloppant, à grande envergure, qui devait amener l'ennemi sous les murs de Lille;

un grand chef qui, pour conjurer ce danger, proposait un moyen simple et efficace de doubler le nombre de nos corps d'armée;

un grand chef qui demandait l'organisation de la Nation armée.

Immédiatement, ses collègues le dénoncent au ministre de la Guerre. Ils décident ce dernier à le mettre en accusation devant eux. On le juge. On le condamne. On le remplace :

par un chef qui ne croyait, lui, ni à la Nation armée, ni à l'attaque allemande par la frontière du Nord ;

par un chef qui, en pleine guerre, huit jours avant que les Allemands ne fussent sous les murs de Lille, alors que leurs intentions crevaient les yeux, a fait au général Lanrezac, mortellement inquiet, la réponse que l'on sait :

« Nous avons le sentiment que les Allemands n'ont rien de prêt par là. »

Résultats : Charleroi, l'invasion, et la prolongation de la guerre pendant quatre ans.

Une éclatante réparation est due à la Victime de l'erreur judiciaire de 1911. Des sanctions doivent être prises contre les hommes dont l'incroyable aveuglement a eu, pour le Pays, de si lamentables conséquences.

Qu'on ne me dise pas : « Nous avons la Victoire ; ne revenons pas sur le passé. » Les Veuves et les Mères de nos deux millions de morts ou de mutilés n'admettront jamais ce coup d'éponge.

CHAPITRE VII

L'INDÉCISION DU GOUVERNEMENT

L'erreur de l'état-major n'excuse pas l'indécision dont le gouvernement a fait preuve dans toutes les discussions relatives à la défense de Lille.

Depuis longtemps, la question du déclassement était à l'ordre du jour. Les partisans de cette mesure faisaient remarquer :

que les forts du front nord, situés entre Lille et l'agglomération Roubaix-Tourcoing, étaient inutilisables, si l'on n'acceptait pas d'avance la destruction des deux grands centres industriels, dont les richesses représentaient une somme de plusieurs milliards ;

que l'on ne pouvait englober cette agglomération dans la défense, sans empiéter sur le territoire belge ;

qu'il y avait là une difficulté d'ordre géographique, indépendante du plan de campagne allemand.

Personnellement, j'estime que ces objections étaient sans valeur. On aurait eu le temps, en effet, en cas de violation de la neutralité de la Belgique, et bien avant que les Allemands ne fussent devant Lille, de construire sur le territoire belge, des tranchées et des ouvrages de campagne qui auraient reporté la défense en avant de Roubaix et de Tourcoing.

Mais le ministre pouvait n'être pas de cet avis. Dans ce cas, il devait me prévenir qu'il m'envoyait à Lille, non pour défendre la place, mais pour achever le désarmement et pour évacuer le matériel restant.

Ce n'était pas une solution :

que d'enlever le quart du matériel d'artillerie seulement;

que de conserver le reste sans pouvoir l'utiliser, faute de canonniers;

que de ne pas entretenir la fortification;

que de transformer ses glacis en jardins publics;

que de rappeler à l'ordre le général Lebas, gouverneur de Lille, sous prétexte qu'en soutenant, dans ses conférences, qu'on pouvait défendre la place, il se mêlait de ce qui ne le regardait pas (1).

Il fallait supprimer le gouverneur dès le temps de paix et raser les fortifications, ou

(1) Voir annexe LVII.

conserver le gouverneur en temps de guerre et utiliser les remparts, dût-on envoyer quelques obus dans Roubaix et Tourcoing.

La pire des solutions était de conserver la place en temps de paix, pour la livrer en temps de guerre à l'ennemi.

Dans tous les cas, le ministre devait, avant mon arrivée à Lille, me dire exactement ce qu'il voulait. S'il ne le savait pas et qu'il attendît de moi des actes d'initiative, il devait me faire connaître les raisons qui le faisaient hésiter.

Après mon arrivée à Lille, il devait me tenir au courant des mouvements de l'ennemi, au lieu de me laisser, comme le premier venu, sans nouvelles autres que celles contenues dans des communiqués intentionnellement faux.

Ayant jugé convenable, au début de la guerre, de laisser Lille en dehors de la zone des armées, ce qui indiquait qu'il ne craignait rien de ce côté, il ne devait pas me reprocher plus tard, ainsi qu'on le verra dans le Chapitre XII (1), de n'avoir pas demandé le réarmement de la place; comme si c'était à moi à lui donner des conseils sur le tracé des limites de la zone des armées.

Ayant décidé, le 16 août, que cette zone engloberait désormais la région de Lille; ayant pris, le 21 août, la détermination de défendre la place, il ne devait pas me reprocher plus

____

(1) Voir page 170.

tard, ainsi qu'on le verra encore dans le Chapitre XII (1), de n'avoir pas, avant l'arrivée du général d'Amade, provoqué l'évacuation.

Si sa résolution de défendre Lille n'était pas définitivement arrêtée dans son esprit, s'il conservait une arrière-pensée d'abandonner la région, il ne devait pas :

le 20 août, commander à l'atelier de construction de Douai 250 voitures à munitions modèle 1908;

vers la même époque, prescrire la confection de 3.000 musettes et la passation de marchés avec les maîtres selliers des régiments, pour la fourniture d'effets de harnachement;

le 23 août au soir, veille de l'évacuation, annoncer par télégramme l'envoi de 40 mitrailleuses;

le 24 août au matin, jour de l'évacuation, annoncer l'envoi de 3 millions de cartouches d'infanterie et de 3.000 coups de 75.

**

En somme, le gouvernement n'a jamais bien su ce qu'il voulait. En vingt-cinq jours, la place de Lille s'est trouvée dans quatre situations différentes.

Le 31 juillet 1914, malgré l'évacuation du quart de son matériel, elle était toujours placé

____

(1) Voir page 167.

de guerre, aucune décision de principe ne l'ayant dépouillée de cette qualité.

Le 1er août, privée de son gouverneur, elle était virtuellement déclassée.

Le 21 août, elle était réarmée.

Le 24 août, elle était évacuée.

Le même jour, à 21 h. 50, six heures par conséquent après l'envoi de l'ordre d'évacuation, le ministre adressait au commandant de la 1re région le télégramme suivant, émanant de l'état-major de l'armée :

J'envisage le repliement immédiat des dépôts de la 1re région. Ce mouvement pouvant être gêné par destruction voies ferrées, il y a lieu de commencer immédiatement, suivant prévisions établies en ce qui concerne Avesnes, Valenciennes, Lille. Donnez ordres immédiats. La partie du personnel qui aurait quitté ces garnisons pour opérations à la frontière y sera maintenue. Lieux de destination des dépôts de la 1re région sont ceux prévus au tableau C. Prévenez le général d'Amade.

Arrivé à Arras en pleine évacuation, égaré par l'état-major, retrouvé quatre mois après dans une liasse de papiers emballés précipitamment, ce télégramme est plein d'enseignements. Il montre en effet :

que, dans son empressement à déclarer Lille ville ouverte, le ministre de la guerre avait oublié de prévenir l'état-major de l'armée;

que, dans l'esprit de l'état-major de l'armée,

le ministre se réservait de prescrire lui-même
l'évacuation des dépôts;

que l'état-major de l'armée n'a songé à cette
évacuation que le 24 août;

que le ministre est donc mal venu de me reprocher, ainsi qu'on le verra plus loin (1), de
n'y avoir pas songé dès le 7 août;

que le télégramme de 21 h. 50 du 24 août ne
vise ni les troupes de défense, ni le matériel
d'artillerie; qu'il vise uniquement les dépôts;
que, par conséquent, l'état-major de l'armée
croyait que la place serait défendue.

Si l'état-major de l'armée, dont le chef voyait
tous les jours le ministre de la guerre, ignorait
la pensée du gouvernement, c'est que le gouvernement lui-même ne savait pas ce qu'il voulait.

Il ne le savait pas plus pour Paris que pour
Lille; car, sans l'opposition de personnalités civiles de toutes nuances politiques, Paris aurait
été abandonné comme Lille, l'état-major ayant
déclaré que c'était une ville comme une autre.

Le 5 octobre 1914, M. Albert Thomas m'écrivit ce qui suit (2) :

Il s'est passé pour Lille ce qui était sur le point
de se passer pour Paris. Si nos amis du ministère
n'étaient pas intervenus, Paris aurait peut-être
été abandonné comme Lille. Ce sont des choses
qu'il faudra dire un jour.

(1) Voir page 175 et annexe LXXI.
(2) Voir annexe LIII.

MM. Ernest Lavisse et Denys Cochin furent du même avis. Ils se trouvaient au ministère des affaires étrangères le jour où M. Viviani vint annoncer à M. Delcassé la fatale nouvelle. Ils s'écrièrent alors :

« Si on abandonne Paris, ce sera la Commune; et nous en serons! »

Simple boutade, sans doute, mais expression d'un vif mécontentement.

M. Ernest Lavisse a raconté la chose lui-même, devant plusieurs de mes amis de qui je la tiens.

Au commencement de septembre 1914, le général Rouvray, qui commandait alors la 5e région, à Orléans, a reçu du général Joffre l'ordre de construire des tranchées, sur les hauteurs au Nord de Sens. Le général Joffre songeait donc bien à abandonner Paris. Et ainsi se trouve justifié le propos de M. Albert Thomas : « Il s'est passé pour Lille ce qui était sur le point de se passer pour Paris. Ce sont des choses qu'il faudra dire un jour ».

On peut discuter l'opinion que je me suis faite, en arrivant à Lille, sur la possibilité de défendre la place; mais je me flatte, ma détermination une fois prise, de m'y être tenu jusqu'au bout. Et je trouve pitoyable que le gouvernement m'ait fait reprocher ma persévérance, dans la malveillante enquête dont le Chapitre XII donnera le compte rendu.

CHAPITRE VIII

LE DÉSORDRE DE L'ÉVACUATION

Effrayés de la responsabilité qu'ils ont encourue, en demandant l'abandon de la place de Lille, les représentants de l'autorité civile essaient de donner le change à l'opinion publique, en dénonçant avec indignation le désordre dans lequel s'est faite l'évacuation. On a laissé, disent-ils (1), dans les casernes, dans la citadelle et dans les ouvrages extérieurs :

136 sacs de café à brûler;
108 sacs de sel;
41 caisses de boîtes de conserves de viande;
188 sacs de riz;
48 paniers de lard;
44 sacs de lentilles;
36 cuves et 56 fûts de saindoux;
12 balles de haricots;
600 chevaux, 132 bœufs et 1.200 moutons;

(1) *La France Libre* du 14 septembre 1918.

3.700 fusils Lebel;
1.600 fusils transformés;
1 million de cartouches;
400.000 kilogrammes de poudre salpêtrée pour
la mélinite;
500.000 kilogrammes de poudre en préparation;
5.000 équipements militaires complets;
un grand nombre de fournitures de couchage;
400 canons et leurs munitions.

Les représentants de l'autorité civile préten-
dent que, si on les avait écoutés, si on avait
prévu l'évacuation, si on l'avait préparée, cette
opération se serait faite en bon ordre. Et alors,
on n'aurait pas donné à la population le lamentable spectacle d'une troupe en fuite, spectacle qui l'a portée à accuser les chefs de trahison.

***

L'émotion qu'a causée le désordre de l'évacuation montre la grande ignorance du public
pour les choses militaires.

Une troupe qui bat en retraite est toujours
plus ou moins démoralisée. Les retraites en bon
ordre ne se voient guère que dans les livres.

Il s'agissait d'ailleurs, là, non de troupes actives, mais de dépôts pourvus d'un matériel dont
l'aspect n'était pas celui d'un matériel de guerre
et dont le déménagement rapide ne pouvait pas
produire l'effet d'une manœuvre.

Dans les conditions où l'évacuation a été ordonnée, le désordre était inévitable.

Il a été aggravé du fait que le gouvernement a prévenu l'autorité civile, avant de prévenir l'autorité militaire, ce qui a permis au directeur des postes et des télégraphes de couper prématurément les communications téléphoniques.

Mais les conséquences du désordre ont été peu de chose à côté des conséquences de l'évacuation.

Les armes, les vivres, les vêtements, les animaux et le matériel dont l'énumération est donnée deux pages plus haut, ne représentaient pas une somme de 20 millions de francs; alors que les richesses contenues dans la région représentaient plusieurs milliards; alors que la forteresse représentait une valeur inestimable. Les pertes dues au désordre ne sont donc pas le centième des pertes dues à l'évacuation.

Je n'aurais pu d'ailleurs préparer l'évacuation qu'en invitant mès chefs de service à coopérer à cette préparation. Mais alors, étant donné l'état d'esprit créé par les communiqués officiels et les télégrammes de presse particulièrement optimistes dont le gouvernement encourageait l'insertion dans les journaux, je me serais fait honnir par la population civile, honnir par mon état-major, honnir par toute la garnison. On n'aurait pas attendu le 24 août, pour m'accuser de trahison. Sous prétexte d'évi-

ter le désordre, j'aurais peut-être provoqué l'in-
surrection.

Ce que je ne pouvais faire, avant d'avoir reçu
l'ordre d'évacuation, le général Herment put le
faire, une fois cet ordre reçu. Il rédigea alors
la dépêche suivante :

Général Herment à général d'Amade.

L'évacuation du matériel de Lille exige plus
d'une nuit. Je vous demande d'être laissé libre
du choix du moment où les troupes se retireront,
afin d'avoir le temps de procéder à l'évacuation
et aux destructions nécessaires. Les troupes ne
devraient pas se retirer avant le 26 au matin; au
plutôt, dans la nuit du 25 au 26.

Ce message ne put être envoyé, les capitaines
Doniol et Crépy, attachés au bureau central té-
légraphique, ayant fait savoir que les appareils
avaient été mis hors d'usage, par ordre du directeur des postes et télégraphes.

Le général Herment envoya alors, en automobile, à Arras, le commandant Merlin, qui en
rapporta l'ordre de commencer immédiatement
l'évacuation. Le général Herment put néanmoins sauver :

70.000 rations de pain, qui se trouvaient dans
les trois centres de fabrication;

30.000 rations de viande, disponibles à l'abattoir;

un gros approvisionnement de sucre et de café, qu'il fit vendre par le maire de La Bassée, au profit de l'Etat;

240 tonneaux de mélinite;

3.000 cartouches de 75;

300.000 cartouches de fusil modèle 1886;

des obus, des armements de 90, des pelles, des pioches, etc.

Il fit noyer les poudres.

Il dut abandonner, faute de moyens de transport, les approvisionnements de l'intendance, auxquels il avait songé, bien qu'il n'en fût pas question dans l'ordre du général d'Amade. Il dut laisser des chevaux, faute de moyens d'attache. Il fit tout ce qu'il put pour diminuer les pertes, rendues inévitables par la précipitation des événements.

#**

Le désordre de l'évacuation est une diversion imaginée dans le but d'innocenter les partisans de cette mesure. Ce qu'il faut déplorer, ce n'est pas le désordre, c'est l'évacuation; c'est l'abandon d'une des régions les plus riches de la France, d'une région tellement riche que, dans un rapport adressé en juin 1915 à l'Association des sidérurgistes allemands, M. E. Schroeder, grand industriel de Düsseldorf, a pu s'exprimer comme il suit :

La situation de l'industrie française se trouve complètement bouleversée par le mur de fer qui, depuis de longs mois déjà, forme, des côtes de la Manche jusqu'à la Moselle, la nouvelle frontière de l'empire allemand; mur que les Français, les Belges et les Anglais n'arrivèrent pas à percer, malgré leurs efforts désespérés. Nous détenons ainsi :

68 % de la production du charbon;
78 % de celle du coke;
90 % de celle du minerai de fer;
86 % de celle de la fonte;
70 % de celle de l'acier;
40 % de celle des tôles et des fers laminés.

Tels sont les renseignements allemands.

Voici maintenant des renseignements français.

Le 12 octobre 1916, lors de la discussion, à la Chambre, de la loi sur la réparation des dommages de guerre, M. le député Tournan s'est exprimé comme il suit :

« Nos régions envahies figuraient parmi nos plus importants foyers d'industrie... Pour la fonte, ces régions fournissaient 80 % de notre production totale; pour l'acier, 76 %.

Dans le travail des métaux, elles occupaient une grande place; elles comptaient environ :

52 % du personnel employé à la ferronnerie;

56 % des tuyaux et tubes en cuivre et en fer;

41 % des locomotives et du matériel des chemins de fer.

Mais c'est surtout dans les industries textiles qu'elles prédominaient.

Pour la filature du lin, la part en personnel des départements envahis est d'environ 91 %.

Pour le tissage des toiles, 77 %.

Pour les batistes et toiles fines, la totalité.

Pour la filature du coton, 72 % de l'outillage national.

Pour le tissage du coton, 69 % de cet outillage.

Pour la filature de la laine, 62 %.

Pour le tissage de la laine pure, 83 %.

Pour les nouveautés en laines et draps, la totalité.

Pour les dentelles à la mécanique, tulles et rideaux, 67 %.

Passons à la céramique et la verrerie. La proportion atteint :

40 % pour la faïencerie.

45 % pour les bouteilles en verre.

72 % pour les verres à vitres.

86 % pour les glaces sans tain.

Enfin, parmi les industries alimentaires :

La sucrerie des régions occupées produit 72,2 0/0 de notre chiffre total;

La distillerie industrielle, 75 %.

La valeur de ces divers produits n'est pas entièrement établie. Pour l'industrie de la laine, elle atteint annuellement, en fil et tissus, 760 millions, sur 880 dans la France entière.

Qu'est-ce, à côté de toutes ces pertes, que celles des 600 chevaux, des 1.300 têtes de bétail, des vêtements, des vivres et des 400 canons? Ce sont les décimales d'un nombre dont les richesses de Lille représentent les unités.

Les hommes qui ont sur la conscience d'avoir provoqué l'abandon d'une place et d'une région dont la conservation intéressait tant la défense nationale, sont mal venus de parler du désordre de l'évacuation.

CHAPITRE IX

LA MENTALITÉ DES ÉTATS-MAJORS

Le ministre de la guerre avait été, pour la désignation de mes collaborateurs, d'une insigne maladresse. Alors qu'en temps de paix on refuse à des officiers de l'armée active la faveur de tenir garnison dans leur pays d'origine, on avait classé à l'état-major de la 1re région, comme officiers supérieurs de réserve, deux députés du Nord, appartenant à la droite de la Chambre, dont un avait été le rapporteur du projet de loi sur le déclassement. On y avait classé en outre un membre de la droite du conseil municipal de Paris.

Cet état-major aux idées rétrogrades aurait aimé me voir brimer la population civile, apporter des entraves excessives à la liberté de la presse, au colportage des journaux, à la circulation des automobiles, au développement

même du commerce et de l'industrie, dont les
intérêts me paraissaient souvent primer, au
point de vue de la défense nàtionale, les intérêts
militaires proprement dits.

C'est ainsi qu'à plusieurs reprises le chef
d'état-major me demanda d'interdire aux pro-
priétaires de voitures automobiles circulant
dans les rues, d'arborer un drapeau tricolore,
sous prétexte que c'était l'insigne du général
commandant la région ; détail sans importance ;
brimade qui m'aurait aliéné la sympathie d'une
partie de la population.

En arrivant à Lille, j'avais trouvé mon état-
major installé. Les tâches étaient réparties entre les officiers. Un des deux députés était
chargé d'examiner les demandes de sursis ; et
comme, sous prétexte de m'épargner une besogne au-dessous de moi, le chef d'état-major
dépouillait mon courrier, prenait connaissance
des demandes, et signait les décisions prises en
mon nom, en faisant précéder sa signature de
la mention d'usage : « Pour le général et par
son ordre », les sursis se trouvaient en fait
accordés ou refusés par un député de la région,
statuant sur les demandes de ses propres électeurs !

Un sursis fut ainsi refusé au maire de Roubaix, M. Lebas, membre du parti socialiste, mobilisé à Maubeuge comme simple sous-officier.

M. le sénateur Debierre vint me trouver à ce

sujet et me fit très justement observer que M. Lebas rendrait plus de services à la défense nationale, comme maire d'une cité industrielle dont beaucoup d'habitants avaient des commandes de l'Etat, que comme sous-officier attaché à un des services auxiliaires de la place de Maubeuge. Mon chef d'état-major, auquel, le lendemain, je fis part de cette observation, s'éleva vivement contre la prétention du maire de Roubaix d'esquiver l'accomplissement de ses obligations militaires. Je passai outre ; mais quelques jours après, l'incident était raconté au café Bellevue, où l'on disait que je faisais de la politique.

Cependant, j'avais accordé une faveur analogue à M. Lagache qui appartenait, lui, au parti conservateur, industriel auquel l'Etat avait fait d'importantes commandes, et dont le premier contremaître était mobilisé comme scribe dans les bureaux de l'intendance, où il exécutait des travaux qu'on aurait pu confier à un enfant ou à une femme. J'ai autorisé cet employé, d'accord avec le service de l'intendance, à travailler chez son patron, pendant la demi-journée.

Peu de temps après mon arrivée à Lille, les représentants des cinq journaux de la localité, ayant demandé à me parler, je vis entrer dans mon cabinet cinq journalistes, dont un abbé, rédacteur en chef de la *Croix*, coudoyant le rédacteur en chef du journal socialiste. C'était comme une manifestation de l'union sacrée.

Le doyen de ces journalistes me fit remarquer que les instructions ministérielles interdisaient la circulation des automobiles sur les routes, entre 6 heures du soir et 6 heures du matin. Or les journaux de Lille étaient lus dans les départements limitrophes. Les trains de chemins de fer ne marchaient pas. Quatre millions de lecteurs se trouvaient ainsi privés de nouvelles, dont ils avaient besoin, en quelque sorte, autant que de pain. La distribution des journaux ne pouvait être assurée, à l'extérieur, que par leur transport dans des voitures automobiles autorisées à circuler dès 3 heures du matin.

Malgré l'avis défavorable émis par mon état-major, j'autorisai la non-exécution des ordres du ministre de la Guerre, et je rédigeai, pour les autorités civiles et les autorités militaires de la région, une note que je prescrivis à mon chef d'état-major de faire autographier et d'envoyer à tous les intéressés.

L'idée ne me vint pas de demander le lendemain à mon chef d'état-major s'il avait fait ce que je lui avais prescrit. Je ne fus pas peu surpris d'apprendre, le surlendemain, par l'abbé directeur du journal *La Croix*, que mes ordres n'avaient pas été exécutés. Mon chef d'état-major avait pris sur lui de surseoir à cette exécution. J'en fis l'observation à ce dernier, qui s'excusa en me disant, qu'avant d'aller à l'encontre d'ordres aussi formels du ministre de la Guerre, il avait voulu m'en reparler.

***

Pour beaucoup d'officiers d'état-major, l'officier général auquel ils sont attachés n'a d'autre rôle que d'homologuer les décisions qu'ils ont préparées. C'est une machine à signature. Très mal vu est l'officier général qui cherche à s'affranchir de cette tutelle. L'état-major veut commander. En fait, au cours de cette guerre, c'est souvent lui qui a commandé.

Au mois d'août 1914, le général Ruffey, chef de la 3ᵉ armée française, a eu de grosses difficultés avec son état-major, parce qu'il avait émis, ainsi que l'a écrit M. Fernand Engerand (1), « l'audacieuse prétention de donner « lui-même les directives des opérations de son « armée, et de ne pas s'en rapporter au seul « bureau compétent de son état-major. Il avait « refusé de se subordonner à ses subordon- « nés ».

J'ai eu, avec l'Etat-Major du commandement de la 1ʳᵉ région, des difficultés du même genre.

Le 13 août 1914, j'avais accordé une audience à un officier désireux de m'exposer lui-même, verbalement, l'objet de sa demande. Le lendemain, je consultai mon chef d'état-major sur la suite que cette demande était susceptible de

(1) *Le secret de la frontière*, page 489.

recevoir. Le chef d'état-major s'éleva vivement contre la procédure que j'avais suivie. A l'entendre, j'aurais dû lui envoyer l'officier demandeur, dont je n'aurais connu la demande qu'après l'examen qui en aurait été fait par le bureau compétent de mon état-major. Comme si le chef d'état-major, simple auxiliaire que le général à le droit de consulter ou de ne pas consulter, était un échelon hiérarchique s'interposant obligatoirement entre les intéressés et le commandement.

Le général commandant la région devenant, en cas de mobilisation, le chef de tous les services civils de l'ordre administratif et de l'ordre judiciaire, les instructions ministérielles prescrivaient que le commissaire spécial de police serait à son entière disposition. Mais il avait été convenu avec ce fonctionnaire qu'il conserverait son bureau à la préfecture, où il avait ses archives, où sa correspondance lui était adressée, et où ses agents étaient habitués à le trouver. Mon chef d'état-major ayant eu, certain jour, une communication urgente à faire au commissaire spécial, et regrettant de ne pas avoir ce fonctionnaire sous la main, lui envoya, sans me prévenir, une communication téléphonique ainsi conçue :

« Le général Percin vous donne l'ordre de transporter immédiatement votre bureau au quartier général. »

Au reçu de cette communication, le commissaire vint me trouver. Je dus lui avouer que j'ignorais absolument ce qui s'était passé.

Mon chef d'état-major, à qui je reprochai l'incorrection de cette manière de faire, me répondit que, toutes les fois qu'il donnait un ordre, c'était en mon nom. Comme pour les sursis, il se croyait le droit d'agir à sa guise, pourvu qu'il fît précéder sa signature de la mention d'usage: « Par ordre du général commandant la région. »

Ainsi, j'aurais été tenu de consulter mon chef d'état-major, sur toutes les décisions que j'avais à prendre; mais lui aurait eu le droit d'agir sans me consulter!

Qui sait tout ce que mon état-major a décidé ainsi en mon nom?

Pour éviter le retour d'incidents de ce genre, je fis installer le téléphone dans mon cabinet de travail, avec branchement dans le bureau de mon secrétaire particulier, permettant à ce dernier de me mettre en communication avec la ville, sans passer par le bureau téléphonique du chef d'état-major.

Ce secrétaire particulier était un industriel de Lille, rompu au maniement des affaires, capable de me renseigner sur les ressources et sur les besoins de la région. Je l'avais choisi à cet effet, et je lui avais dit qu'il ne recevrait d'ordres que de moi.

Mécontent de me voir échapper ainsi à sa domination, le Chef d'état-major se permit d'aller faire une scène à mon secrétaire particulier, l'accusant de m'avoir inspiré la décision d'installer le téléphone dans mon cabinet de travail.

Le vaguemestre du quartier général avait l'habitude de porter tout le courrier au chef d'état-major, qui ne me montrait que ce qu'il voulait. Plusieurs fois même, mes lettres particulières me furent remises décachetées. Je décidai alors que, désormais, le courrier serait remis à mon secrétaire particulier qui le répartirait entre mon cabinet et les bureaux de l'état-major.

J'eus ainsi connaissance de bien des affaires que, jusqu'à ce moment, on avait réussi à me cacher. Et mon état-major cessa d'avoir connaissance avant moi des réclamations que je recevais contre sa manière d'opérer.

Un jour que mon secrétaire était arrivé à son bureau un peu plus tôt que d'habitude, il surprit un officier d'état-major en train de fouiller ses papiers. On espérait, sans doute, y trouver la preuve que je faisais de la politique, alors que je voulais, au contraire, empêcher que mon état-major en fît.

Dans ces conditions, je suis en droit de me demander si ce n'est pas de mon état-major que sont partis, après l'évacuation de Lille, tous les bruits calomnieux qui ont couru sur moi.

*
**

J'ai dit plus haut que, pendant la période s'étendant du 2 au 16 août, le ministre de la guerre avait interdit la circulation des voitures automobiles, sur les routes, entre 6 heures du soir et 6 heures du matin; mais que j'avais apporté à ce régime, au grand scandale de mon état-major, un adoucissement en faveur des journaux locaux.

L'interdiction devint plus sévère encore, lorsque la région de Lille entra dans la zone des armées. Le Grand Quartier Général limita, même pendant le jour, la circulation de ces véhicules. Le général Joffre m'envoya alors une circulaire disant que, désormais, aucune voiture particulière ne circulerait sur les routes sans être munie d'un laissez-passer sur papier rouge, valable pour un voyage seulement, et signé par le major général des armées.

A cette circulaire étaient joints 40 imprimés rouges, avec prière d'en demander d'autres, si le nombre de 40 ne paraissait pas suffisant!

La résidence du major général des armées, variable d'un jour à l'autre, se trouvait, à ce moment, à plus de 100 kilomètres de Lille. L'obligation de m'adresser à lui, pour obtenir un permis de circuler, c'était la mort de l'in-

dustrie lilloise; car, tous les jours, plus de cent
industriels circulaient en voiture dans les envi-
rons de la ville, pour les besoins de leur pro-
fession.

L'un d'eux vint me trouver le lendemain du
jour où cette incroyable circulaire avait paru
dans les journaux, et il m'exposa :

que, fournisseur de tissus qui lui avaient été
commandés par l'Etat, il avait son comptoir à
Roubaix, son banquier à Lille, et son usine
dans un village du Pas-de-Calais;

que cette usine employait 1.200 ouvriers,
constituant toute la population masculine du
village;

que, s'il ne pouvait, sans faire une demande
dont la réponse se ferait certainement attendre
plusieurs jours, circuler librement entre Roubaix et Lille, entre Lille et le Pas-de-Calais,
pour porter les commandes et les salaires des
ouvriers, il serait obligé de fermer son usine,
et d'affamer une population de 2.000 personnes, au grand détriment de l'ordre public et des
intérêts de l'Etat, dont les commandes ne seraient pas exécutées.

Ce n'étaient pas 40 imprimés rouges, c'étaient
2.000 qu'il m'aurait fallu, avec autorisation de
les signer moi-même.

Le général Joffre n'ayant fait aucune réponse à l'exposé que je lui avais fait de cette
situation, je pris sur moi de faire imprimer les
laissez-passer nécessaires et de les signer moi-

même, en faisant précéder ma signature de la mention : « Par ordre du major général des armées. »

Je rendis compte au général Joffre de l'infraction que j'avais commise, en n'exécutant pas ses ordres. Je ne reçus de lui ni approbation ni blâme, et l'incident fut clos. Mais, que penser de la mentalité d'un personnel d'état-major aussi inconscient de la répercussion que pouvaient exercer, sur les intérêts de la défense nationale, les entraves ainsi apportées au libre fonctionnement du commerce et de l'industrie ?

J'ai dû passer, au grand quartier général, pour un phénomène. Un général qui, en temps de guerre, se préoccupe des intérêts de l'industrie civile ! On a peut-être dit de moi — ce qu'on disait à Lille au café Bellevue — que je faisais de la politique. De là à dire que j'étais insuffisant, il n'y avait qu'un pas. J'ai de sérieuses raisons de croire — je le répète — que c'est de mon état-major, ou de celui du commandant en chef, que sont partis les bruits calomnieux qui ont couru sur moi.

CHAPITRE X

L'UNION SACRÉE

Au moment où, dans toute la France, on racontait que j'avais trahi, on disait également que le général Sarrail avait lâché pied, que le général Gérard avait été insuffisant, et que le général Sauret s'était enivré. Sur quatre points du territoire, distants les uns des autres de plusieurs centaines de kilomètres, quatre généraux républicains avaient, à la même heure, manqué à leur devoir envers la patrie.

Il faudrait être bien naïf pour attribuer au hasard cette simultanéité d'informations calomnieuses. Il faudrait avoir dans l'*Union sacrée* une foi bien robuste, pour ne pas voir là une manœuvre de la Réaction.

A-t-on jamais attaqué dans son honneur le général de Castelnau, l'homme qui a sur la conscience d'avoir conseillé le désarmement de

Lille; et qui l'a conseillé, parce que, ne croyant pas à la Nation armée, attribuant aux Allemands l'intention de nous attaquer avec leurs corps d'armée actifs seulement, il niait la possibilité, pour ces derniers, d'étendre jusque Lille leur front de combat.

Que n'aurait-on pas dit de moi, si mes conceptions politico-militaires m'avaient conduit à proposer l'abandon d'une de nos plus importantes forteresses? On n'aurait pas attendu le 24 août 1914 pour m'accuser de trahison.

Mes adversaires politiques n'ont d'ailleurs pas attendu cette date pour demander que je sois relevé de mon commandement. Dans la *Libre Parole* du 30 juin 1913, le commandant Driant, député de Nancy, avec qui, à la suite d'un article injurieux, j'avais croisé le fer en 1906, a écrit :

« Le général Percin a un commandement, au jour de la mobilisation. Va-t-on le lui laisser? Je le demande formellement au ministre de la guerre? »

Et, pour justifier cette demande, il a raconté que, dans une conférence où je défendais la loi de deux ans, mon auditoire avait crié : « Vive la Commune! A bas l'armée! A bas Pau! »; que cet auditoire avait chanté l'hymne du 17°, ainsi que le couplet de l'*Internationale* réservant les balles des soldats pour nos généraux; affirmations mensongères que, l'avant-veille même, à la Chambre, M. le député Augagneur, présent à la conférence, avait formellement démenties, en présence de M. Driant.

Dès mon arrivée à Lille, on remit en circulation ce mensonge; on prépara l'opinion publique à l'acceptation de toute légende susceptible de me déshonorer. Ce fut le souci constant d'adversaires politiques qui me guettaient depuis dix ans.

Ces adversaires trouvèrent dans mon entourage des auxiliaires inconscients :

en premier lieu, dans mon état-major, dont le chapitre précédent a montré la mentalité;

en second lieu, dans le personnel des secrétaires, lesquels étaient, pour la plupart, des séminaristes mobilisés.

Un soir que j'avais eu besoin de faire usage du téléphone de l'état-major, je trouvai dans le bureau de service, avec les secrétaires, un ecclésiastique qui assistait aux conversations téléphoniques, en présence du commandant Vandamme, officier de service de nuit.

Dans ces conditions, on s'explique que mes adversaires politiques aient eu connaissance de détails de mon administration qui, présentés sous un jour défavorable, les ont conduits à porter sur moi des jugements calomnieux.

Dans différents cafés de la ville, et notamment au café Bellevue, on disait couramment, plusieurs jours avant l'évacuation, que je faisais de la politique, que j'étais négligent, que je m'occupais de choses ridicules, que j'étais physiquement incapable de remplir ma mission. A plusieurs reprises, on demanda à mes familiers s'il était vrai que je fusse impotent.

Le 23 août, le bruit courait, dans les bureaux de l'administration des télégraphes que le général d'Amade était venu, le 21, pour me destituer, et que cette visite avait donné lieu à une scène violente. On citait, comme ayant annoncé cette nouvelle, M. Wauquier, l'adjoint au maire, qui avait fait auprès du général d'Amade la démarche tendant à obtenir que Lille ne fût pas défendue.

Le directeur des télégraphes, chez qui je me rendis immédiatement, ne contesta pas que ces propos eussent été tenus; mais il m'engagea à n'y attacher aucune importance. Ne me doutant pas de la gravité des événements qui allaient se produire le lendemain, je ne poussai pas plus loin mes investigations.

Le jour de l'évacuation, ce fut un *tolle* général. On m'accusa ouvertement de trahison. Ce bruit circula le 25 août dans tous les trains de chemin de fer qui amenèrent les Lillois à Paris. Les Parisiens, fuyant à leur tour la capitale, le colportèrent en province.

Le 25 août, à la gare d'Amiens, mon fils

ayant, dans un compartiment, sans dire qu'il fût
mon fils, essayé de prendre ma défense, fut
dénoncé par un voyageur à l'autorité militaire,
immédiatement arrêté et incarcéré comme sus-
pect.

Le 26 août, M. Schmidt, député des Vosges,
alors territorial mobilisé, constata que le bruit
de ma trahison courait déjà à Liévin.

Le 27 août, M. Alfred Spitzer, rédacteur au
journal *le Sporting*, caporal fourrier à la
15e compagnie du 6e territorial, entendit dire à
Péronne que j'étais fusillé.

Le 30 août, dans un train qui se rendait à
Tours, un abbé venant de Péronne, raconta,
devant Mme Percin, dont il ne soupçon-
nait pas la présence, que, si l'ennemi était
entré en France, c'était la faute de Percin.
Mme Percin ayant protesté vivement, l'abbé se
tint coi.

Le 2 septembre, dans un train qui se rendait
à La Rochelle, une de mes sœurs eut la dou-
leur d'entendre tenir sur mon compte les propos les plus outrageants.

Le 6 septembre, dans un train qui allait de
Bar-le-Duc à Neufchâteau, un abbé, venant de
Paris, se mit à déblatérer contre moi en termes
si violents qu'un de mes anciens sous-officiers,
M. Caufment, receveur des postes à Souilly,
dans la Meuse, dut lui enjoindre de se taire.

Le 6 septembre 1914, à Clermont-Ferrand,
ma fille, femme du lieutenant-colonel d'artil-

lerie Lauth, remplissait, dans une ambulance, les fonctions d'infirmière. Les malades ignoraient qu'elle fût ma fille. Au moment où elle donnait ses soins à M. Chabot, tailleur, rue de Rivoli, à Paris, celui-ci lui dit, d'un air satisfait : « Vous savez la nouvelle? Le général Percin a trahi! »

« Mon père! » s'écria-t-elle.

C'est ainsi que ma fille apprit les bruits qui couraient sur moi.

Au dépôt de convalescents de Cunlhiat, près de Clermont-Ferrand, ce fut M. Porchet, sergent réserviste, employé à ce dépôt, qui se chargea d'apprendre à ses malades la nouvelle de ma trahison.

Dans une ambulance d'Eu, ce fut l'abbé Auger, officier d'administration de réserve, curé de Condé-sur-Noireau, dans le Calvados.

A Muron, dans l'arrondissement de Rochefort-sur-Mer, l'abbé Clané affirma que le général Joffre m'avait donné le choix entre le suicide et le peloton d'exécution. Plus tard, ayant appris que je n'étais pas mort, cet ecclésiastique raconta que, poursuivi, à Royan, par des habitants de cette ville, jusque dans mon domicile, j'étais devenu subitement fou et que j'avais été interné dans un asile d'aliénés.

M. Manciet, agent d'assurances à Nérac (Lot-et-Garonne), lieutenant au 129° régiment d'infanterie, répandit la légende dans la tranchée.

M. Dauphin, industriel, ancien officier de cavalerie, la répandit à Saint-Etienne.

M. Bonnaric, directeur de l'Ecole normale de Saint-Cloud, la répandit dans des milieux universitaires. Il refusa d'entendre les explications qu'une personne éclairée voulait lui donner à ce sujet.

L'abbé Gardon, curé de Cussangy, dans l'Yonne, la répandit dans un dîner offert à l'occasion d'un deuil. M. Camille Genet, de la commune de Vallières, ayant pris ma défense, l'abbé le menaça de le faire enlever.

Mme La Flize, professeur des écoles de la ville de Paris, entendit, dans un tramway, un soldat se vanter d'avoir fait partie du peloton d'exécution qui m'avait fusillé.

Quelques jours après l'évacuation, dans une réunion comprenant une vingtaine de journalistes venus au ministère de la Guerre pour prendre les nouvelles du jour, M. Dansette, député du Nord, appartenant à la droite de la Chambre, raconta que mes facultés intellectuelles s'étaient affaiblies, au point que je passais mon temps à poursuivre, le sabre à la main, les rats et les souris qui infestaient le quartier général.

Un journaliste de Lille, M. Martin-Mamy, prétendit m'avoir vu, de ses yeux vu, dans cette attitude ridicule. Il le raconta, dans les bureaux de la rédaction du *Temps*, devant de nombreux

journalistes, dont un voulut bien m'en informer.

Or, je n'ai jamais vu de rats ni de souris,
dans le quartier général. Je n'ai jamais entendu dire qu'il y en eût.

Ce propos se répandit partout. M. Augagneur, ministre de la marine, m'en prévint,
dans la visite que je lui fis à Bordeaux, le
5 septembre 1914. J'appris de lui et de plusieurs parlementaires que les bruits les plus
fâcheux avaient couru sur moi, dans les milieux gouvernementaux.

MM. Briand et Viviani, que je connaissais
fort bien, refusèrent de me recevoir. M. Briand
prescrivit au maître de l'hôtel dans lequel il
était descendu, à Bordeaux, d'imaginer un em-
pêchement quelconque, chaque fois que je me
présenterais, pour le voir. Le maître de l'hôtel
l'a raconté, depuis, à un député de la Gironde.

MM. Augagneur et Marcel Sembat sont les
seuls ministres auprès desquels j'aie trouvé
quelque réconfort.

Plus tard, à Paris, M. Sapène, administra-
teur du *Matin*, raconta qu'au moment de l'évacuation, je n'avais songé qu'à mon mobilier
personnel, que j'avais déménagé jusqu'à mes
poules. Or, je n'ai jamais eu de poules au quartier général, et j'y ai laissé tout ce que j'avais
de mobilier.

C'est également à Lille que prit naissance le

bruit me représentant comme ayant épousé une Allemande. Or, aussi loin qu'on puisse remonter dans le passé, Mme Percin descend de parents français. Elle n'a pas un seul étranger dans sa famille. Elle est d'ailleurs la sœur du général de division Gaudin, ancien directeur général des services au Ministère de la Guerre. Un autre de ses frères est décédé comme lieutenant de vaisseau. Notre gendre est colonel d'artillerie (1).

On pourrait écrire des volumes sur cette lamentable psychologie des foules moutonnières. Je me bornerai à dire que l'Académie des Sciences n'a pas échappé à la contagion. Un membre de la savante assemblée, M. Edmond Perrier, qui me connaît bien, cependant, a raconté à un de ses amis, lequel l'a répété au chef d'escadron d'artillerie Bellanger, qu'en août 1914, comme commandant de la 1ʳᵉ région à Lille, où M. Joseph Caillaux était mobilisé en qualité de trésorier payeur, je passais pour avoir eu, avec ce dernier, à l'insu du gouvernement français, des entretiens secrets, tendant à obtenir de l'Allemagne une paix hâtive.

Or, d'une part, M. Joseph Caillaux n'est jamais venu à Lille. D'autre part, en août 1914, je

(1) La famille paternelle de Mme Percin était originaire de Saintes. Son aïeul maternel, le docteur Levallois, était médecin à Angoulême. Son bisaïeul, M. Raynal, était commissaire des guerres. Son trisaïeul, M. Michel Marvaud, était maître particulier des eaux et forêts, seigneur de Mérignac (Charente), député du tiers-état, maire d'Angoulême en 1793, député des Cinq Cents.

ne l'avais pas vu depuis six mois, et je ne l'ai
pas revu pendant trois ans.

M. Edmond Perrier, à qui j'ai demandé des
explications en 1918, m'a répondu que c'étaient
là des potins de concierge, auxquels je n'aurais dû attacher aucune importance; mais il ne
s'est pas défendu de les avoir colportés.

Dans mon malheur, j'ai eu la bonne fortune
de tomber sous les ordres d'un chef qui, en
tenant tête à l'opinion imbécile, a fait preuve
d'un grand courage civique.

Le 1er septembre 1914, le général d'Amade
m'adressa, d'Arras, la lettre suivante :

Mon général,

Les rumeurs malveillantes et mensongères auxquelles vous faites allusion, dans votre lettre du
28 août, sont, en effet, parvenues ici. On a fait cou-
rir le bruit que vous vous seriez suicidé, et, comme
cela ne suffisait pas, on vous aurait, en outre, fusillé.

Ai-je besoin de vous dire que personne, du moins
personne de sensé, n'a accordé le moindre crédit à
de pareilles sottises. Celles-ci donnent plutôt la mesure du dévergondage d'imagination et de la mé-
chanceté de ceux qui les répandent dans le public.
Elles donneraient aussi la mesure de la bêtise de
ceux qui les croient. Enfin, elles désignent au mépris public ceux qui veulent profiter des événe-

ments actuels pour faire renaître, entre Français, de vieilles querelles éteintes.

Je vous ai vu plusieurs fois à Arras ou à Lille. Ce fut toujours pour rendre hommage à votre dévouement et à l'esprit de devoir patriotique qui vous avait ramené sous les drapeaux.

Votre bonne volonté dépassait même vos forces physiques; car vos soixante-huit ans pouvaient être une difficulté devant laquelle de plus jeunes auraient reculé.

Au moment où je préparais la défense de Lille et où je faisais affluer dans cette ville tous les dépôts armés de la 1ʳᵉ région, j'ai dû faire venir de Douai le général Herment. Celui-ci exerça, sous vos ordres, les fonctions spéciales de commandant de la défense de Lille. Ensuite, faisant appel à votre haute compétence technique, M. le ministre de la Guerre vous désigna, avec votre agrément et après m'avoir chargé de vous consulter, pour exercer les fonctions d'inspecteur général des formations d'artillerie de la réserve et de l'armée territoriale. Voilà tout l'historique de vos fonctions pendant ma période de commandement.

A aucun moment, la moindre défaillance n'a pu vous êtes reprochée. Je le proclame bien haut, et cette affirmation doit mettre vos légitimes scrupules en paix absolue, vis-à-vis du devoir accompli.

Veuillez agréer, mon général, l'assurance de mes sentiments respectueux et dévoués.

Général D'AMADE.

Ainsi, avec un sens très juste de la situation, dont il s'était rendu compte sur place, le général d'Amade flétrissait les procédés de ceux qui observaient si mal la trêve des partis. Il rendait hommage à mon *esprit de devoir patriotique*. Il déclarait, qu'à aucun moment, *la moindre défaillance n'avait pu m'être reprochée*. Il rappelait enfin, qu'en le chargeant de m'offrir les fonctions d'inspecteur général des formations d'artillerie de la réserve et de l'armée territoriale, le ministre de la guerre, alors M. Messimy, avait fait appel à mes hautes connaissances techniques, indiquant ainsi clairement que ma mutation constituait une distinction et non pas une disgrâce.

Il est donc inconcevable que la Censure de M. Millerand ait laissé dire :

à la *Libre Parole*, le 28 août, que j'avais été reconnu incapable et loufoque, et que j'aurais dû être destitué, au lieu d'être chargé d'une lourde inspection ;

à l'*Action Française*, le 29 août, que le ministre m'avait remplacé par le général Michal, parce que j'avais compromis la défense de la place ;

au général Cherfils, dans l'*Echo de Paris*, du 29 août, que j'avais été relevé de mon commandement, devant l'ennemi, et chargé d'inspecter quelque chose, pour être maintenu, non dans l'activité, mais dans la solde d'activité.

Il est inouï, qu'en pleine guerre, au moment où les anarchistes donnaient l'exemple de l'union sacrée, le gouvernement ait toléré qu'un général français outrage de la sorte un autre général français.

Il est révoltant que la Censure ait interdit l'insertion, dans le *Radical,* d'un article qui me défendait.

Quel intérêt le gouvernement avait-il donc à me laisser déshonorer?

Et comment l'*Action Française* a-t-elle pu savoir, le 28 août, que j'étais remplacé par le général Michal, puisque la désignation de ce dernier n'avait pas paru au *Journal officiel?*

Comment a-t-on pu laisser les journaux publier ces mutations dans le haut commandement, publication qui était interdite par le décret du 4 août 1914?

Dans cette circonstance, le bureau de la Censure, alors dirigé par le chef d'escadron d'artillerie en retraite de Thomasson, rédacteur militaire au *Journal des Débats*, a montré comment il comprenait l'union sacrée

La lettre du général d'Amade, mise à la poste le 1ᵉʳ septembre et adressée au ministère de la Guerre, ne me parvint que le 23, avec la mention « inconnu » inscrite sur l'enveloppe. Le ministère savait cependant où je me trouvais, puisque le 14 et le 15, il m'avait fait parvenir d'autres communications.

Bien que la lettre du général d'Amade ne contînt aucun renseignement sur les opérations militaires, la Censure de Paris et celle de Bordeaux en interdirent la publication. Il fallut, pour vaincre ce mauvais vouloir, qu'un journal courageux annonçât à ses lecteurs, au risque d'encourir une mesure de rigueur, qu'il avait fait imprimer cette lettre et en tenait des exemplaires à la disposition de qui voudrait les faire prendre dans ses bureaux. La Censure de Paris capitula, et la province suivit. Mais il fallut huit jours de lutte. La lettre du général d'Amade ne fut donc connue qu'en octobre, plus d'un mois après avoir été écrite.

Cette lettre eut un épilogue curieux.

Le 28 octobre 1914, j'ai reçu la visite de M. Odelin, frère du vicaire général de l'archevêché de Paris, qui me déclara ne pas être de mes amis politiques — car il écrivait dans la *Libre Parole* — mais avoir été indigné des attaques dirigées contre moi. Il ajouta qu'un officier d'état-major, approchant de très près le général Joffre, lui avait dit, parlant de la lettre du général d'Amade qui me rendait justice :

« Le général d'Amade aurait mieux fait de ne pas écrire cette lettre-là. »

Bel exemple de l'union sacrée qui régnait alors dans l'armée française.

***

La Censure de M. Millerand ne s'était pas bornée à interdire l'insertion de la lettre du général d'Amade. Elle interdit, en outre :

à la fin de septembre 1914, l'insertion, dans la *Guerre Sociale*, d'une lettre démentant que j'eusse été relevé de mon commandement, pour insuffisance, sur la demande du général Joffre;

en novembre, l'insertion d'une réponse à un article du *Journal d'un Bourgeois de Paris* disant que, comme Grouchy à Waterloo, j'avais, par mon inaction, causé la défaite de Charleroi;

en février 1915, l'insertion, dans les journaux français, d'une réponse au journal italien la *Stampa*, d'après lequel j'avais été destitué, pour avoir abandonné Lille, après avoir hissé le drapeau blanc sur les forts;

en septembre 1915, l'insertion, dans les mêmes journaux, d'une réponse à la *Gazette de Lausanne*, au dire de laquelle mes détachements n'avaient pas joué, dans la bataille de Charleroi, le rôle qui leur était prescrit.

La Censure censura le ministre de la guerre lui-même, en interdisant l'insertion d'une lettre ministérielle du 8 février 1915, déclarant que je n'étais en rien responsable de l'évacuation de Lille au mois d'août 1914, insertion que, devant mes protestations, elle finit par autoriser.

Elle poussa l'hostilité jusqu'à supprimer, dans différents journaux, des passages d'articles rappelant les travaux que j'avais publiés, avant la guerre, sur l'emploi de l'artillerie au combat. On pouvait dire du mal de moi, mais il n'était pas permis d'en dire du bien.

Mes malheurs auraient dû me valoir quelques ménagements. La Censure fut impitoyable pour moi. Elle n'eut d'indulgence que pour ceux qui rompaient ouvertement le pacte conclu entre les bons Français.

Après avoir subi, pendant un an, ce traitement immérité, je me décidai à adresser deux réclamations écrites au ministre de la guerre, l'une le 20 septembre, l'autre le 25 octobre 1915

M. Millerand me répondit que « le service de « la Censure ne pouvait assumer la responsabi- « lité de la suppression des innombrables er- « reurs de fait, commises par les écrivains, « lorsqu'ils relatent les événements du début « de la campagne » (1).

C'était la condamnation du régime de la Censure. C'était l'aveu du fait que les décisions de ce service étaient inspirées, non par le souci de la vérité, mais par le désir de plaire ou la crainte de déplaire à certaines personnalités, c'est-à-dire par tout le contraire de l'union sacrée.

(1) Voir, annexes **XXIV. XXV** et **XXVI.** les lettres échangées à ce sujet.

CHAPITRE XI

L'AFFAIRE DE CHARLEROI

En même temps qu'il me rendait responsable
de l'évacuation de Lille, le public m'accusait
d'avoir causé la défaite de Charleroi, en conservant dans ma poche, pendant vingt-quatre
heures, un télégramme par lequel le général
Joffre me prescrivait de lui envoyer 80.000
hommes de renfort.

J'ai déjà dit combien cette accusation était
ridicule. Charleroi est à 100 kilomètres de Lille.
J'ignorais, le 22 et le 23 août, qu'une bataille fût
engagée de ce côté. Je ne l'ai su que longtemps
après, par les journaux.

Je commandais d'ailleurs à Lille, non des
troupes actives, mais un territoire sur lequel
se trouvaient des dépôts, dont le rôle était d'envoyer sur le front, à chacun des régiments du
1er corps d'armée, les isolés chargés de rem-

placer les hommes tués, blessés ou disparus. Le général Joffre ne pouvait donc me demander des *troupes de renfort.*

Quoi qu'il en fût, la légende de mon incurie, de ma trahison même, se répandit en France et à l'étranger. C'est ainsi qu'on put lire :

le 1ᵉʳ novembre 1914, dans le journal américain *Brooklyn Daily Eagle,* que j'avais contribué à la défaite de l'armée française en Belgique, en retardant de deux jours l'exécution d'un ordre du général Joffre ;

le 30 novembre 1914, page 75 du fascicule N° 1 du *Journal d'un Bourgeois de Paris,* que j'avais, comme Grouchy à Waterloo, causé par mon inaction la défaite de Charleroi (1) ;

le 4 décembre, dans la *Liberté,* que les troupes de Lille avaient reçu l'ordre de renforcer le 3ᵉ corps, mais qu'elles n'étaient pas venues ;

au commencement de décembre, dans la *Gazette de Francfort,* que j'avais été fusillé pour avoir, par mon indécision, causé une panique ;

à la même époque, dans la *Strasburger Post,* que j'avais été tué par mes propres troupes, qui m'accusaient d'avoir retardé la marche sur la Belgique de l'armée de 200.000 hommes dont j'avais le commandement ;

le 16 décembre 1914, dans le même journal, que j'avais été fusillé, suivant la loi martiale, pour avoir gardé par devers moi, pendant

(1) L'auteur, M. Georges Ohnet, a rectifié depuis son information.

quatre jours, un ordre destiné au corps expéditionnaire anglais;

en 1915, pages 39 et 48 du livre de M. Pierre Dauzet, intitulé *De Liége à la Marne,* que, pour des raisons qui restent obscures, les troupes réunies à Lille, sous les ordres du général Percin, pour parer à tout événement sur le flanc des armées françaises, n'étaient pas intervenues dans la bataille de Charleroi;

enfin, un an après ces événements, le 29 août 1915, dans un article de la *Gazette de Lausanne,* signé par le colonel Secrétan, que les troupes massées à Lille, sous le général Percin, pour s'opposer aux incursions de la cavalerie ennemie, n'avaient pas joué, dans la bataille, le rôle qui leur était prescrit.

J'eus beaucoup de peine à démentir ces bruits, la Censure ayant interdit l'insertion des réponses que j'avais adressées aux journaux.

De guerre las, j'adressai, le 6 septembre 1915 (1), au général Joffre, une lettre dans laquelle je lui fis comprendre qu'il m'était impossible de supporter plus longtemps la responsabilité d'événements auxquels j'étais resté complètement étranger. Je le priai en conséquence, de vouloir bien attester :

que je n'avais reçu de lui, par l'intermédiaire du général d'Amade, d'autres ordres que ceux relatifs au réarmement de Lille;

(1) Voir annexe XXII.

qu'en exécution de ces ordres, j'avais remis en trois jours la place en état de défense;

que j'avais fait exécuter les reconnaissances nécessaires et que mes escadrons avaient ramené plusieurs prisonniers;

que je n'avais reçu aucun ordre d'intervenir dans la bataille de Charleroi.

Le général Joffre me répondit, le 16 septembre 1915 (1), qu'en dehors des documents officiels, il s'était interdit de formuler, sur les événements de la guerre et sur leurs auteurs, aucune appréciation susceptible d'être rendue publique, mais qu'il pouvait déclarer n'avoir jamais eu, au mois d'août 1914, ni à me donner des ordres directs, ni à recevoir de moi des comptes rendus, la 1re région ayant été placée sous le commandement supérieur du général d'Amade, le jour même où elle était passée dans la zone des armées.

Je demandais au général Joffre de déclarer que j'avais exécuté ses ordres ponctuellement. Il aurait pu faire cette déclaration, sans dévoiler les ordres dont il s'agit, sans formuler, par conséquent, aucune appréciation sur les événements de la guerre. Ce faible hommage rendu à la correction de mon attitude ne l'aurait pas diminué.

Le général Joffre se serait grandi, au contraire, en revendiquant pour lui, dans la dé-

(1) Voir annexe XXIII.

faite de Charleroi, une responsabilité qui lui appartenait entièrement. Sa réponse laisse peser sur moi le soupçon de n'avoir pas apporté toute la diligence voulue à l'exécution des ordres donnés par l'intermédiaire du général d'Amade.

Fort heureusement, ce dernier, sans crainte de se compromettre en me décernant des éloges, avait déclaré, le 1er septembre 1914 (1), qu'à aucun moment, la moindre défaillance n'avait pu m'être reprochée. Il ne reste donc plus rien de la stupide légende.

(1) Voir page 145.

CHAPITRE XII

L'ENQUÊTE

Le 21 septembre 1914, ayant enfin obtenu, à Bordeaux, une audience du ministre de la guerre, je renouvelai verbalement les demandes faites dans mes lettres des 27, 28 et 29 août, tendant à ce qu'un communiqué fît savoir aux journaux que je n'étais en rien responsable de l'évacuation de Lille.

M. Millerand me répondit qu'il venait de charger le général Pau d'une enquête dont le but était d'établir les responsabilités encourues par les différents chefs qui avaient joué un rôle dans la défense de Lille, et il m'invita à me présenter à cet officier général.

Le ministre n'avait pas besoin d'une enquête pour savoir :

que, non seulement ce n'était pas moi qui avais donné l'ordre d'abandonner Lille, mais encore que ce n'était pas moi qui avais reçu cet ordre, ni qui l'avais fait exécuter, puisque je ne commandais plus la région;

que je n'avais jamais eu aucun rapport avec le général French;

que je n'avais jamais reçu du général Joffre aucun télégramme me prescrivant de lui envoyer du renfort à Charleroi;

que, jusqu'au 17 août, d'ailleurs, date à laquelle la 1re région entra dans la zone des armées, je relevais directement du ministre de la Guerre; qu'à partir du 17 août, je relevais du général d'Amade qui relevait du général Joffre.

Néanmoins, et bien qu'il fût contraire à toutes les règles militaires de soumettre un officier à une enquête, sans l'en prévenir par écrit, et sans l'aviser de l'objet de l'enquête, afin qu'il pût préparer ses réponses, je me présentai immédiatement au général Pau, dont le cabinet était voisin de celui du ministre de la Guerre. J'avais la naïveté de croire que, le lendemain, la vérité éclaterait au grand jour, et serait proclamée publiquement. Je ne me doutais pas qu'il me faudrait attendre cinq mois encore, adresser trois nouvelles réclamations : une au ministre de la Guerre, deux au Président du Conseil, alors M. Viviani, une au Président de la République, et faire intervenir, auprès des pouvoirs publics, un grand nombre de personnages et de groupements politiques, pour obtenir de M. Millerand une lettre déclarant « que je n'étais en rien responsable de l'évacuation de Lille, au mois daoût 1914 » (1).

Dès les premiers mots de l'interrogatoire du général Pau, je constatai avec stupéfaction que ce qu'on me reprochait, c'était tout le contraire de ce que l'opinion publique m'avait reproché, c'était d'avoir cru à la possibilité de défendre Lille, au lieu de croire qu'il n'y avait rien à faire, au lieu de proposer moi-même l'évacuation. Seulement, le général Pau se demandait — c'était là l'objet de l'enquête — si, par mon incurie, je n'avais pas rendu nécessaire cette évacuation.

On lui avait dit, en effet :

qu'ayant trouvé, en arrivant à Lille, la place dans une situation très irrégulière, je n'avais rien fait pour obtenir du ministre des éclaircissements;

qu'en particulier, je ne m'étais pas ému de la suppression du poste de gouverneur de Lille, occupé, avant la guerre, par le général Lebas;

que je n'avais pas protesté contre les ordres du ministre de la Guerre, me prescrivant d'expédier sur d'autres places un certain nombre de mes canons;

que je n'avais rien fait pour mettre la place de Lille à l'abri d'un coup de main;

que j'avais ainsi rendu l'évacuation nécessaire;

(1) Voir page 198.

que je n'avais pas préparé cette évacuation;

que, prévenu par le général d'Amade, le 23 août au soir, de ma nomination probable aux fonctions d'inspecteur général des formations d'artillerie de la réserve et de l'armée territoriale, mais n'ayant été officiellement avisé de cette nomination que dans la soirée du 24, je m'étais désintéressé, toute la journée du 24, du commandement de la 1re région;

que j'avais laissé peser sur les épaules du général Herment, simple général de brigade, toute la responsabilité des mesures à prendre pour l'évacuation;

que notamment, le 24 août, à 5 heures du soir, j'avais refusé de donner des ordres au général Tournier, qui était venu m'en demander.

Je dus faire remarquer au général Pau :

que mes dénonciateurs l'avaient fort mal renseigné;

qu'en arrivant à Lille, je m'étais, au contraire, vivement ému de la situation irrégulière dans laquelle se trouvait la place, situation dont le ministre de la Guerre aurait dû me prévenir, mais ne m'avait pas prévenu;

que le ministre n'en avait prévenu aucun des chefs de service, tirés de la réserve ou de l'armée territoriale, pourvus d'un commandement à Lille, en temps de guerre;

qu'il n'en avait prévenu ni le général Maunoury, venu, le 13 août, inspecter la 1re région, ni le général d'Amade, venu, le 18 août, pour défendre la région avec quatre divisions d'infanterie territoriale (1) ;

que, dès le surlendemain de mon arrivée à Lille, j'avais fait part de mes inquiétudes au colonel Gengembre, directeur du service du génie de la 1ʳᵉ région ;

que j'avais chargé cet officier supérieur d'étudier les mesures à prendre pour retarder la marche de l'ennemi, au moins par le fusil, de prévoir la remise en état des remparts, l'enlèvement des arbres gênant les vues, le barrage des routes, le temps qu'il faudrait, les outils qui seraient nécessaires et le personnel civil qu'il y aurait lieu de requérir, pour l'exécution de ces travaux ;

que le colonel Gengembre m'avait fourni, à ce sujet, un travail très complet, comprenant : 1° un rapport d'ensemble ; 2° des pièces à l'appui telles que l'énumération dès dispositions à prendre pour les portes de la ville, les ponts-levis, les créneaux, les parapets et les glacis ; l'état des travailleurs, des outils, matériaux et fils de fer pouvant être employés aux travaux de l'enceinte de la place et des forts (2) ;

que j'avais remis le rapport d'ensemble, le 20 août, au général d'Amade ;

que j'avais encore les pièces à l'appui entre

____

(1) A ce moment, le général Pau m'interrompit, pour me dire, que le ministre n'en avait pas prévenu non plus la direction du génie, au ministère de la guerre.

(2) Voir annexes LX et LXI.

les mains, pièces qui témoignaient du soin avec
lequel j'avais prévu les moindres détails de l'organisation de la défense;

que le ministre de la Guerre ne m'avait jamais consulté sur l'envoi à d'autres places d'une
partie de mes canons;

que les ordres d'expédition étaient donnés directement au directeur du parc;

que je ne les aurais pas connus, si ce dernier
ne m'en avait fait le compte rendu;

que le ministre n'avait jamais répondu aux
lettres par lesquelles, dès mon arrivée, j'avais
appelé son attention sur l'irrégularité de la si
tuation du général Lebas;

que, mis au courant par moi de la situation
anormale de la place, le général Maunoury
m'avait répondu que « le principal objet
de sa mission d'inspecteur était de recom-
mander aux commandants de région de poser au ministre le moins possible de questions et de trancher eux-mêmes les difficultés
qui pourraient se présenter »;

que, par conséquent, je n'étais pas fautif de
n'avoir pas importuné davantage le ministre de
la guerre;

que, jusqu'au 17 août, la 1re région n'étant
pas comprise dans la zone des armées, je relevais directement du ministre, dont je ne recevais aucun renseignement;

que je ne possédais, sur les mouvements de
l'ennemi, d'autres indications que celles conte-

nues dans les communiqués officiels, extrêmement optimistes, publiés par les journaux;

que l'idée ne pouvait pas me venir de prévoir l'évacuation d'une place assez peu menacée pour que le gouvernement ne jugeât pas à propos de la mettre dans la zone des armées;

que, si qui que ce fût m'avait parlé d'évacuation, je l'aurais fort mal reçu;

que j'aurais considéré cette proposition comme « *une monstruosité* » (1);

que, si j'avais invité mes chefs de service à préparer l'évacuation « on n'aurait pas attendu le 25 août pour m'accuser de trahison » (2);

qu'à partir du 17 août, je relevais du général d'Amade, auquel revenait la responsabilité des mesures à prendre, soit pour le réarmement de la place, soit pour son évacuation;

que je n'avais pas manqué, le 20 août, de proposer le réarmement au général d'Amade, me faisant fort de le mener à bonne fin;

que j'avais foi dans la possibilité de faire une défense honorable, malgré la situation difficile dans laquelle je me trouvais;

que j'avais fait cette réponse, le 22 août, aux représentants de l'autorité civile, venus me demander de renoncer à mes projets;

(1) Le mot de « *monstruosité* » est reproduit dans le procès-verbal de l'enquête, annexe LXX, en réponse à la question 3.

(2) Cette phrase est également reproduite dans le procès-verbal, annexe LXXIV, fin de la réponse à la question 1.

que j'avais même envoyé aux journaux un communiqué à ce sujet;

que, conformément aux ordres du général d'Amade, grâce à la collaboration active du général Herment, j'avais remis en trois jours la place en état de défense; qu'elle avait pu tirer le canon le 24 août;

que, dans les journées des 22 et 23 août, mes escadrons avaient eu des engagements heureux avec la cavalerie allemande, et avaient ramené en ville des prisonniers, avec des chevaux, des armes, des casques et du harnachement pris à l'ennemi;

que la vue de ce cortège avait causé dans la population lilloise un enthousiasme indescriptible;

que le dimanche 23, j'avais été, dans les rues, l'objet d'une véritable ovation;

que la population m'aurait lapidé, si je lui avais parlé d'évacuation;

que j'ai reçu l'avis officiel de ma nomination, le lendemain 24, à 8 heures du matin, avec ordre de passer le commandement de la 1re région au général Herment, et de me rendre le plus tôt possible à Paris, pour y organiser mon nouveau service;

que, devant quitter Lille à 8 heures du soir, je n'avais pas trop de douze heures pour mettre mes papiers en ordre et préparer mon déménagement personnel;

que l'idée ne m'est pas venue de conserver

une minute de plus le commandement de la 1ʳᵉ région ;

que j'en avais immédiatement avisé les autorités civiles et les journaux ;

que j'étais allé personnellement prendre congé du préfet ;

que si, à 5 heures du soir, le général Tournier était venu me demander des ordres, c'est qu'il n'avait pas été touché, ce qui n'a rien de surprenant, ni par ma communication, ni par les avis des journaux ;

que je n'avais pas eu le temps de lui donner de longues explications à ce sujet, que je m'étais borné à lui répondre : « Je ne commande plus ; adressez-vous au général Herment. »

Pendant mon récit, deux officiers d'état-major prenaient des notes qui devaient permettre la rédaction du procès-verbal de l'enquête. Ce récit terminé, le général Pau me donna lecture du questionnaire qu'il avait préparé, en me prévenant que, par suite de mes explications, plusieurs questions devenaient non avenues, et qu'elles ne figureraient pas au procès-verbal ;

On remarquera, en effet, dans ce procès-verbal (1), que le général Pau ne me reproche pas formellement de m'être abstenu de préparer l'évacuation de la place. Il me demande simplement comment j'avais compris les devoirs qui

(1) Voir annexe LXX, question 2

m'incombaient. Il me demande si j'avais prévu l'éventualité de l'évacuation et si j'avais prescrit des études à ce sujet.

*
* *

Je croyais avoir convaincu le général Pau de la « *monstruosité* » de l'abandon d'une place qui pouvait tenir au moins quelques semaines; d'une place dont la résistance aurait immobilisé une fraction importante des troupes ennemies, aurait, par conséquent, rendu moins active la poursuite des Allemands, l'aurait peut-être rendue impossible; car, avec une partie de ses 80.000 hommes, le général d'Amade aurait pu tomber sur le flanc droit de l'ennemi, comme le général Maunoury le fit sur l'Ourcq, quinze jours après.

J'eus la douloureuse surprise de recevoir du général Pau, le 6 novembre 1914, un nouveau questionnaire dans lequel il me reprochait, cette fois, non plus seulement de n'avoir pas prévu l'évacuation, non plus seulement de ne l'avoir pas préparée, mais de ne l'avoir pas *provoquée*. Il m'aurait fallu commettre moi-même le crime que je reproche au gouvernement, le crime que l'opinion publique me reprochait injustement (1).

Voici, du reste, la copie textuelle de la pre-

(1) Voir annexe LXIII, la copie *in extenso*, du questionnaire du général Pau.

mière et plus importante de ces nouvelles questions :

« Quelle que fût l'opinion personnelle de
« M. le général Percin sur l'opportunité d'utili-
« ser la place de Lille et de la réarmer, cette so-
« lution ne dépendait pas de lui, mais du minis-
« tre ou du Grand Quartier Général. Si la con-
« viction du général Percin était que le réarme-
« ment de Lille s'imposait, n'a-t-il pas cru de-
« voir, avant l'arrivée du général d'Amade,
« provoquer cette mesure, auprès du ministre
« ou du Grand Quartier Général?

« Dans l'hypothèse contraire, ou si le général
« Percin jugeait que tous ses efforts seraient
« vains, le matériel de Lille devenait *INUTILE*,
« *ENCOMBRANT*, était à la merci des entre-
« prises de l'ennemi; le général Percin n'a-t-il
« pas cru de son devoir d'en *PROVOQUER*
« *L'EVACUATION?* »

La partie de ce questionnaire que j'ai écrite
en caractères capitales est véritablement stupé-
fiante. Elle dénote, chez le général Pau, un état
d'âme qu'on ne comprend pas.

L'article 77 du Code pénal punit de mort qui-
conque aura pratiqué des manœuvres, à l'effet
de faciliter l'entrée de l'ennemi sur le territoire,
ou de lui livrer des villes, forteresses, places,
magasins ou arsenaux appartenant à la France.

L'article 205 du Code de justice militaire punit de mort, avec dégradation militaire, quicon-

que livre à l'ennemi, soit la place qui lui est confiée, soit les approvisionnements de l'armée.

Enfin, l'article 109 du Code de justice militaire punit de mort, avec dégradation militaire, le commandant d'une place de guerre reconnu coupable d'avoir capitulé, sans avoir épuisé tous les moyens de défense dont il disposait, et sans avoir fait tout ce que lui prescrivaient le devoir et l'honneur.

Evacuer la place de Lille, sans même avoir fait un semblant de résistance, c'était, dans mon esprit, une faute plus grave encore que celle de capituler, après avoir résisté, mais sans avoir épuisé tous les moyens de défense. C'était un crime pire que celui que la loi punit de la peine de mort.

Pouvais-je vraiment provoquer une mesure qui, ordonnée par moi, aurait constitué un crime ?

C'eût été dire au ministre de la Guerre :

« Je ne me sens pas de taille à faire ce que « me prescrivent le devoir et l'honneur. Don- « nez-moi l'ordre de ne pas le faire. J'éviterai « ainsi la peine de mort. »

C'eût été permettre au gouvernement de répondre, en cas d'interpellation :

« La place de Lille a été évacuée sur la de- « mande du général Percin. »

Pour rien au monde, je n'aurais voulu me mettre dans un si mauvais cas.

Dans ma déposition du 21 septembre 1914, j'ai dit au général Pau :

que je considérais l'évacuation comme une *monstruosité* (1) ;

que je ne m'en étais jamais préoccupé.

J'ai insisté pour que le mot *monstruosité* figure au procès-verbal. Le général Pau l'y a fait insérer. Et il a osé, six semaines après, me reprocher de n'avoir pas provoqué l'évacuation !

Il ne m'avait pas échappé que, bon nombre des canons constituant l'armement du camp retranché ayant été expédiés sur Maubeuge ou sur Paris, par ordre du ministre de la Guerre, la place n'était plus en état de faire une défense aussi longue. Mais l'idée ne m'était pas venue de dire que le matériel restant fût *INUTILE* et *ENCOMBRANT*, et d'en provoquer l'évacuation.

Que penserait-on d'un chef qui, disposant d'un nombre de canons trop faible, à son gré, pour appuyer l'attaque dont on l'a chargé, craindrait, qu'en cas d'échec, ces canons ne fussent à la merci des entreprises de l'ennemi, dirait qu'ils sont inutiles et encombrants, et demanderait à en être débarrassé ?

Dans ma déposition de novembre, j'ai dit :

que, si la place avait tenu seulement quinze

(1) Voir annexe LXX, question 3.

jours, c'eût été autant de jours pendant lesquels les forces ennemies ainsi immobilisées n'auraient pas été en face du général Joffre;

que le cours des événements se serait ainsi modifié à notre avantage;

qu'un pareil résultat aurait largement compensé la perte de quelques canons;

que le devoir du chef chargé d'une opération défensive quelconque n'est pas de sauver, à tout prix, le matériel qu'il a entre les mains, mais d'utiliser ce matériel jusqu'au bout, et de le mettre hors de service, s'il est obligé de l'abandonner (1).

Non moins étrange est le reproche qui m'est adressé dans le questionnaire, de n'avoir pas, si j'étais d'avis d'utiliser la place, provoqué des ordres en vue de son réarmement complet.

Un subordonné a le devoir de provoquer des ordres, quand il se trouve dans une situation inconnue de l'autorité supérieure, ou qu'il craint un oubli de la part de celle-ci. Mais il n'est pas tenu d'agir de la sorte, quand la situation est connue de l'autorité supérieure, mieux que de lui. Ce fut ma règle.

C'est ainsi que, le 20 août, ayant appris, la veille, par un officier d'état-major du général d'Amade, que ce dernier comptait sur la place

(1) Voir annexe LXXIV, fin de la question 1.

de Lille comme point d'appui de ses opérations de campagne, je me suis rendu à Arras, où je n'étais pas convoqué, et j'ai mis mon chef au courant d'une situation qu'il ne connaissait pas, le ministre de la Guerre ayant négligé de lui dire que la place de Lille était virtuellement déclassée. J'ai ainsi provoqué des ordres que, sans ma démarche, le général d'Amade n'aurait pas pu me donner.

Mais le ministre de la Guerre connaissait aussi bien que moi, et depuis plus longtemps que moi, la situation irrégulière de la place de Lille.

C'est lui qui, dès le mois de janvier 1914, avait prescrit de ne pas établir de plan de défense, pour la place en 1914.

C'est lui qui, le 27 mars, avait décidé que Lille ne recevrait plus d'auxiliaires d'artillerie.

C'est lui qui, par télégramme du 1er août, avait dissous l'état-major du gouverneur et prévenu ce dernier, le général Lebas, qu'il recevrait bientôt une autre destination.

C'est lui qui, antérieurement, puis postérieurement à mon arrivée, avait donné des ordres d'expédition, sur d'autres places, d'une partie du matériel constituant l'armement du camp retranché; ordres qu'il adressait directement au directeur du parc, montrant ainsi clairement qu'il ne tenait pas à connaître l'avis du commandant de la région.

Me voit-on, au lendemain de mon arrivée à
Lille :

faisant observer au ministre de la Guerre
qu'il s'est engagé dans une très mauvaise voie;

lui disant que les Allemands ne viendront pas
du tout du côté où il les attend;

le conjurant de ne plus écouter l'état-major,
le service des renseignements et la diplomatie
qui le conseillent si mal depuis six mois;

lui demandant de s'en rapporter à la grande
expérience que me donnent mes quarante-huit
heures de présence dans la place;

le priant d'arrêter les expéditions et de me
rendre tout ce qu'il m'a pris?

Un pareil langage m'eût exposé à recevoir du
ministre la réponse suivante :

« On ne discute pas au moment de l'exécu-
« tion. Remplissez votre mission avec les
« moyens que je vous ai donnés. Si vous n'avez
« pas la foi, je vous relève de votre emploi. »

Je savais bien, d'ailleurs, que le ministre ne
pouvait reprendre à Maubeuge, plus menacé
encore que Lille, les canons que je lui avais
envoyés.

Quant à en prélever sur d'autres places, il
n'y fallait pas songer. S'il y en avait eu de disponibles, le gouvernement aurait été bien coupable de ne pas les faire expédier sur Lille, en
septembre 1914, pendant les quinze jours que

la place a été réoccupée pas nos troupes, ainsi que je l'ai dit dans le chapitre II (1).

C'était le moment, cependant, en septembre, de prendre une décision à ce sujet, car il n'était pas douteux que, pour employer les propres termes du questionnaire, la place fût « à la merci des entreprises de l'ennemi ». C'était très douteux, au contraire, pendant les douze premières journées de mon séjour à Lille.

A cette époque, en effet, je n'étais renseigné, sur les mouvements de l'ennemi, que par les communiqués officiels dont je recevais un exemplaire, après qu'ils avaient paru dans les journaux. Or ces communiqués, dont j'ai reproduit plus haut quelques extraits (2), étaient absolument optimistes. Ils étaient parfois inexacts. Ils étaient toujours incomplets.

C'est ainsi qu'avant le 12 août aucun communiqué n'avait dit que les Allemands eussent passé la Meuse. On le devina d'après la nouvelle de l'engagement de Tirlemont. Le passage de la Meuse ne fut officiellement annoncé que le 20 août.

Si le gouvernement jugeait bon de cacher au public certaines nouvelles, il ne devait pas me les cacher, à moi dont il attendait des actes d'initiative.

S'il voulait, par exemple, rassurer les Fran-

(1) Voir page 36.
(2) Voir page 32.

çais et inquiéter les Allemands, en annonçant, comme il le fit le 9 août, que les Anglais avaient débarqué à Calais et à Dunkerque, il devait me prévenir que cette nouvelle était fausse, et m'informer que les Anglais débarqueraient quatre jours après seulement, à Boulogne, sur mon territoire, ce dont il ne m'a pas informé.

Si les renseignements qu'il possédait sur l'ennemi et que les communiqués ne donnaient pas lui faisaient craindre un coup de main et l'impossibilité pour moi d'y parer, avec les moyens dont je disposais, il devait prévoir l'évacuation et me prescrire de m'y préparer.

Or, loin de m'avertir de l'approche de l'ennemi, le ministre donna encore le 7, le 8, le 9, le 13, le 14 et le 16 août, l'ordre d'expédier sur d'autres places 73 canons et 46.330 charges.

Ne pouvais-je pas conclure de là que, pour le moment du moins, il n'y avait rien à craindre des Allemands; que la seule chose à prévoir était l'arrivée de quelques cavaliers, comme ceux que nos fantassins reçurent à coups de fusil six jours après, sans s'émouvoir de cette apparition, sans songer à l'évacuation?

*

L'enquête me reproche de n'avoir pas provoqué l'évacuation de l'atelier de construction de Douai.

« Il y avait, a écrit le général Pau, un intérêt

« primordial à ce que cette évacuation com-
« mençât aussitôt que les progrès des Alle-
« mands en Belgique rendraient possible, *dans*
« *un délai de quelques jours,* l'invasion du ter-
« ritoire de la 1re région (1). »

Pas plus que pour l'évacuation du matériel
de Lille, je n'avais à provoquer d'ordres du
ministre pour l'évacuation des approvisionnements contenus dans les magasins de Douai.
Le ministre de la guerre connaissait, comme
moi, l'importance de ces approvisionnements.
Il savait, mieux que moi, si les progrès des Allemands en Belgique rendaient possible, *dans un
délai de quelques jours,* l'invasion du territoire
de la 1re région.

L'évacuation des magasins était d'ailleurs une
opération qu'on ne pouvait improviser *en quelques jours.* Elle aurait dû être étudiée, dès le
temps de paix, par l'état-major du 1er corps
d'armée, sur les indications du ministre de la
guerre, à qui il appartenait de faire connaître
les points sur lesquels les approvisionnements
devaient être dirigés.

D'après la cinquième des questions posées
au général Herment (2), c'est à partir du 7 août,
quand cet officier général apprit l'arrivée des
Allemands devant Liége qu'il aurait dû prévoir
la nécessité d'évacuer, *sous peu de jours,* tout

(1) Voir annexe LXXIV, 2e question.
(2) Voir annexe LXXI.

le matériel et le personnel des dépôts; c'est à partir du 7 qu'il aurait dû commencer à préparer ces opérations et appeler l'attention des autorités supérieures sur le temps nécessaire à leur exécution.

Or, c'est à partir du 17 août seulement que le ministre de la guerre a fait entrer la 1re région dans la zone des armées. Le 20 août, quatre jours avant l'évacuation, il faisait encore des commandes à l'atelier de construction de Douai. Le 23 et le 24 août, il annonçait l'envoi de mitrailleuses et de munitions (1).

Il ne prévoyait donc pas, lui non plus, l'évacuation. Et, six heures après l'ordre d'évacuation, son état-major ne prévoyait que l'évacuation des dépôts (2).

En présence de l'incohérence que dénotent ces décisions contradictoires, on est stupéfait de s'entendre adresser le reproche d'imprévoyance. On reste confondu devant les quarante-sept questions posées au général Herment (3). Pour faire à ces questions des réponses de nature à satisfaire le général enquêteur, il aurait fallu que, pendant les trois journées que le général Herment a passées à Lille, sous le poids d'une besogne écrasante, il prît note,

(1) Voir page 9.
(2) Voir page 111.
(3) Voir annexe LXXI.

jour par jour, heure par heure, minute par minute, de tout ce qu'il avait fait, de tout ce qu'il avait vu, de tout ce qu'il avait dit et entendu. Il aurait fallu qu'il songeât à la fois au réarmement de la place et à son évacuation. Or, il avait été envoyé à Lille pour défendre la place et non pour l'évacuer. Je l'aurais bien reçu, s'il m'avait parlé de l'abandonner !

Et de moi, que n'aurait-on pas dit, entre le 7 et le 17 août, alors que, d'après les communiqués officiels et télégrammes visés, l'attaque brusquée des Allemands par la Belgique avait lamentablement échoué, les troupes belges reprenaient l'offensive, les Anglais se portaient sur Namur, pour aider les Belges à refouler les Allemands au delà de la frontière ; que n'aurait-on pas dit, si j'avais prescrit à mon état-major de préparer l'évacuation ? On m'aurait dénoncé comme traître à la patrie, ou tout au moins comme agent de démoralisation. Et peut-être le ministre m'aurait-il relevé de mon commandement, pour avoir osé lui proposer l'évacuation d'une région si peu menacée qu'il ne l'avait pas comprise dans la zone des armées.

Je ne puis croire que le ministre ait jamais pris au sérieux le reproche qu'il m'a fait adresser par le général Pau.

Les questionnaires que nous avons reçus, le général Herment et moi, montrent jusqu'à l'évidence qu'on voulait à tout prix nous trouver en faute. Pour arriver à ce résultat, le gouvernement a donné au général enquêteur l'incroyable mission de me faire observer que :

pendant les douze journées qui s'écoulèrent entre ma prise de commandement et l'arrivée du général d'Amade ;

alors que j'étais accablé par une besogne écrasante ;

alors que je réunissais entre mes mains tous les pouvoirs civils et militaires, les pouvoirs administratifs et les pouvoirs judiciaires, dans une région comprenant près de trois millions d'hommes ;

alors que j'avais à entretenir des relations constantes avec les autorités civiles, à concilier les besoins de la mobilisation avec ceux du commerce et de l'industrie, dont l'arrêt aurait compromis non seulement la vie économique de la région, mais encore les intérêts de la défense nationale ;

alors que j'avais à faire connaissance avec le personnel militaire sous mes ordres, personnel qui, la veille encore, m'était étranger ;

alors que, par des visites fréquentes, je devais m'assurer que mes dépôts s'apprêtaient à envoyer sur le front les hommes, les chevaux et les effets qui leur seraient demandés ;

j'aurais dû, en même temps, faire des plans de campagne ;

j'aurais dû, réparant l'erreur de l'état-major français, prévoir l'invasion allemande par la rive gauche de la Meuse, mode d'invasion dont le chef d'état-major du général d'Amade niait encore la possibilité le 20 août (1) ;

j'aurais dû, dès le 7 août, lorsque les Allemands se présentèrent devant Liége, prévoir qu'ils seraient *peu de jours après* sous les murs de Lille ; pendant que le ministre, lui, ne prévoyait rien ; puisque, le 20 août, il faisait encore des commandes à l'atelier de construction de Douai ; puisque le 23 et le 24 août, il annonçait l'envoi du matériel et des munitions que je lui avais réclamés ; puisque le 24 au soir, ses bureaux ignoraient l'ordre d'évacuation.

Finalement, j'aurais dû, avant le 17 août .

ou bien demander le réarmement complet de la place ; demande véritablement ridicule, car le ministre ne pouvait y donner satisfaction qu'en reprenant aux places de Paris ou de Maubeuge les canons que je leur avais envoyés ;

ou bien me ranger à l'avis des autorités civiles qui demandaient l'évacuation.

⁎

Le général Pau se trouva ainsi dans l'obligation de soutenir la plus monstrueuse des thèses, à savoir :

que l'armement de Lille, trop faible pour

(1) Voir page 79.

permettre une résistance suffisamment longue, était devenu *INUTILE* et *ENCOMBRANT;*

qu'il aurait fallu en provoquer l'évacuation;

que j'aurais dû demander qu'on livrât la forteresse pour sauver les canons!

Comme si la valeur des canons pouvait être mise en balance avec la valeur de la forteresse et avec les richesses de la région.

Comme si la certitude que la place tomberait tôt ou tard, auquel cas on perdrait, à la fois, la forteresse et les canons, constituait un argument en faveur de l'abandon immédiat de la forteresse.

Comme si on ignorait que la résistance de la place, eût-elle duré quinze jours seulement, aurait modifié du tout au tout, et à notre avantage, le cours des événements.

Livrer la forteresse pour sauver les canons!

A ce compte, il aurait fallu livrer tout le territoire français, et nous retirer en Suisse. Nous aurions ainsi sauvé les hommes, les chevaux et les canons!

On remarquera la différence qui existe entre les deux thèses successivement soutenues par le général enquêteur, dans son interrogatoire du 21 septembre, puis dans celui du 6 novembre.

En septembre (1), le général Pau m'a reproché de n'avoir pas *prévu* l'ordre d'évacuation et de ne m'être pas *préparé* à son exécution.

En novembre (2), il m'a reproché de n'avoir pas *provoqué* moi-même cette mesure.

En septembre, j'ai dit que je considérais l'évacuation comme une *monstruosité;* que je l'aurais exécutée, si j'en avais reçu l'ordre, mais que je m'étais félicité, ne commandant plus la région, d'échapper à l'obligation d'accomplir *une tâche si douloureuse pour ceux qui en seraient chargés.*

Le général Pau m'a laissé tenir ce langage. Il l'a fidèlement transcrit sur le procès-verbal de l'interrogatoire. Il m'a paru se ranger à ma manière de voir. Si bien que je l'ai écrit au ministre de la guerre, le 7 octobre 1914 (3), et au président du Conseil, le 27 du même mois (4).

Si le général Pau n'était pas de mon avis, pourquoi a-t-il attendu six semaines pour me le dire? Il a dû recevoir de nouvelles instructions du ministère de la guerre. Tout le fait supposer : et la nouveauté de la thèse, et le long intervalle de temps compris entre les deux interrogatoires, et la précaution oratoire que le général Pau a prise, dans sa lettre du

(1) Voir annexe LXX.
(2) Voir annexe LXIII.
(3) Voir annexe XIII.
(4) Voir annexe XV.

6 novembre, pour me prévenir qu'on allait me poser de nouvelles questions.

Ainsi, pour ne pas découvrir son prédécesseur, le ministre de la guerre aurait d'abord laissé peser sur moi la responsabilité de la faute que son prédécesseur avait commise, en faisant évacuer Lille sans nécessité. Puis, la vérité ayant réussi à se faire jour, il aurait chargé le général Pau de soutenir que l'évacuation ne constituait nullement une faute, que c'était moi, au contraire, qui avais été fautif de ne l'avoir pas proposée.

Outre le manque de franchise que dénote cette procédure, je vois là un grave danger.

Si la nouvelle thèse du général Pau venait jamais à prévaloir, s'il pouvait être admis que seules doivent essayer de se défendre les places de guerre auxquelles il ne manque rien, si on laissait s'implanter dans les esprits cette idée que le devoir du chef chargé d'une mission défensive quelconque est de sauver à tout prix le matériel qu'il a entre les mains, toutes les défections seraient permises, et la défense des États deviendrait impossible; car il n'est pas de commandant de place qui ne pourrait dire que son matériel de guerre est insuffisant, et qu'il faut l'évacuer, comme inutile et encombrant.

Je me flatte de n'avoir jamais eu une paréelle conception du rôle que j'avais à jouer, comme commandant de la 1re région.

Nous avons fait notre devoir à Lille, le général d'Amade, le général Herment et moi. Nous n'avons rien à regretter; nous méritons même des éloges. Placés dans une situation très difficile, nous l'avons courageusement acceptée; nous en avons tiré le meilleur parti possible; et, comme le général Herment le dit en terminant une lettre qu'il m'adressait le 16 octobre 1914 : « Je ne vois pas, même à « présent, ce que nous aurions pu faire de « mieux que ce que nous avons fait (1). »

Je n'ai su que le 5 juin 1915, neuf mois après l'ouverture de l'enquête, que « les conclusions « du rapport du général Pau avaient dégagé « ma responsabilité dans les événements de « Lille » (2). Je comprends que le ministre de la guerre n'ait pas osé me le dire plus tôt. Je comprends qu'il ait hésité à désavouer la malveillance des questions auxquelles j'ai eu à répondre dans l'enquête, malveillance qu'il a dû imposer au général Pau.

Il fallait à tout prix faire retomber sur moi la responsabilité de l'évacuation de Lille. Il fallait établir que j'avais rendu cette évacuation nécessaire, en négligeant de demander au ministre qu'il me rendît mes canons. Et en prévi-

(1) Voir annexe XL.
(2) Voir annexe XX.

sion du cas où je répondrais que, si je n'avais pas fait cette demande, c'est que je jugeais la défense impossible, on avait préparé l'argument que j'aurais dû provoquer l'évacuation.

La crânerie de mes réponses a déjoué tous ces calculs. L'enquête restera la honte du gouvernement qui l'a ordonnée.

CHAPITRE XIII

LA DISGRACE

L'inspection d'artillerie dont M. Messimy m'avait chargé, le 24 août 1914, était à peine commencée que, par décision du 30 août, M. Millerand me relevait de mon nouvel emploi.

Cette décision m'était notifiée par télégramme à Dijon. Elle m'enjoignait de rentrer à Paris immédiatement.

Je n'ai jamais su le motif de cette disgrâce. Je l'ignore encore aujourd'hui. En vain l'ai-je demandé au général de division Ménestrel, de qui je dépendais comme inspecteur d'artillerie. En vain ai-je interrogé les chefs de services du ministère de la Guerre. En vain ai-je essayé de voir le ministre lui-même.

Le 5 septembre 1914, m'étant rendu à Bordeaux, j'obtins de M. Marcel Sembat, ministre des travaux publics, cette indication « qu'il ne fallait pas chercher le motif de ma « disgrâce, ailleurs que dans les événements de « Lille ».

Le 6 septembre, je fus reçus par M. Augagneur, ministre de la marine. On avait dit à ce dernier que j'avais eu des hallucinations, que je voyais partout des rats et des souris (1).

Le 7, je me rendis dans le local où se réunissaient les députés. Je racontai ce que M. Augagneur m'avait appris la veille. Un député, dont je négligeai de prendre le nom, me dit que le racontar en question avait circulé, non seulement à la Chambre, mais encore dans les milieux gouvernementaux.

Je ne serais pas surpris que ce racontar, auquel M. Millerand aurait ajouté foi, eût décidé ce dernier à me relever de mon emploi. Je m'expliquerais ainsi, et la brusquerie de la notification, et les efforts que M. Millerand a faits depuis, pour trouver, après coup, d'autres justifications de ma disgrâce.

Le 8 septembre 1914, M. Sembat m'ayant de nouveau reçu à Bordeaux, me dit, qu'au Conseil des ministres du 7, le ministre de l'intérieur avait rendu compte, d'après le rapport du préfet de la Charente-Inférieure, des manifestations hostiles dont j'avais été l'objet, dans la commune de Saint-Georges-de-Didonne, où je possède une maison de campagne.

(1) Voir page 141.

M. Sembat ayant demandé à M. Millerand le motif de ma disgrâce, ce dernier avait répondu : « Je me suis fait une règle de ne pas discuter les jugements portés par le général Joffre sur les autres généraux. »

Cette réponse était étrange; car, comme inspecteur des dépôts d'artillerie de la zone de l'intérieur, je ne relevais pas du général Joffre. La réponse devint plus étrange encore le jour où, par lettre du 16 septembre 1916 (1), le général Joffre m'eût déclaré n'avoir jamais eu aucun rapport direct avec moi; car cette déclaration impliquait qu'il n'avait pu me juger que sur les indications du général d'Amade, lequel m'avait écrit le 1er septembre 1914 : « A aucun « moment, je le proclame bien haut, la moin- « dre défaillance n'a pu vous être reprochée. »

Le 12 septembre, je demandai par écrit, au ministre de la guerre de me faire connaître le motif de ma disgrâce (2); ma·lettre resta sans réponse comme celles des 27, 28 et 29 août.

Le 21 septembre, ayant enfin obtenu une audience, je renouvelai verbalement ma demande. Le ministre m'invita à me présenter au général Pau, affirmant ainsi, pour la deuxième fois, que ma disgrâce se rattachait aux événement de Lille.

Le 15 septembre 1914, j'avais reçu notification d'une circulaire ministérielle du 11 du

(1) Voir annexe XXIII.
(2) Voir annexe XI.

même mois m'informant qu'il m'était interdit de résider sur le territoire du gouvernement militaire de Paris et sur celui de la 18ᵉ région (1).

Par dérogation spéciale à cette règle, une note ministérielle du 25 septembre m'autorisa à résider à Saint-Georges-de-Didonne, commune de la Charente-Inférieure, mais à condition que je n'irais pas à Bordeaux, sans y avoir été convoqué préalablement (2).

A la privation de l'honneur de servir mon pays venait s'ajouter l'humiliation d'être relégué, comme un malfaiteur, dans mon petit village, avec interdiction de me rendre à Bordeaux et à Paris, où j'avais mon domicile habituel, mes intérêts, mes parents, mes amis.

Au commencement d'octobre, un gendarme vint s'assurer que j'étais bien présent à Saint-Georges-de-Didonne.

Par lettre du 7 octobre, la cinquième de celles que j'adressai au ministre de la guerre, je protestai contre ce traitement immérité (3). Je renouvelai ma demande.

A cette lettre, M. Millerand répondit, le 12, qu'il me ferait connaître ses résolutions, quand il serait saisi des conclusions du rapport du général Pau (4).

Pour la troisième fois, le ministre de la

(1) Voir annexe X.
(2) Voir annexe XII.
(3) Voir annexe XIII.
(4) Voir annexe XIV.

guerre affirmait que ma disgrâce se rattachait aux événements de Lille. La décision du 30 août était alors quadruplement irrégulière. En effet :

1° Son motif ne m'avait pas été notifié ;

2° Ce motif avait été recherché, après coup, dans une enquête au cours de laquelle j'avais été interrogé, vingt-deux jours après que la décision était prise ;

3° Le motif recherché visait des faits se rattachant à une mission autre que celle qui m'avait été retirée ;

4° Ni le supérieur hiérarchique dont je relevais directement dans la première mission, ni celui dont je relevais dans la seconde, n'avaient été consultés. Ni l'un ni l'autre n'avaient demandé ma disgrâce. Le premier avait même déclaré, qu'à aucun moment, la moindre défaillance n'avait pu m'être reprochée (1).

*
* *

Le 27 octobre, ne recevant toujours rien du ministre de la guerre, je m'adressai au président du Conseil, alors M. Viviani (2). Je lui signalai l'irrégularité de la décision du 30 août 1914. Je lui fis remarquer :

que, si d'autres officiers généraux étaient sans commandement, aucun n'avait été attaqué comme moi ;

(1) Voir page 135.
(2) Voir annexe XV.

que, venant après ces attaques, la décision du ministre autorisait le public à croire que je n'avais pas fait à Lille tout ce que me commandait mon honneur de soldat;

que je traînerais derrière moi cette infâme légende, tant que je ne serais pas réintégré dans mon emploi.

Le président du Conseil ne me répondit pas.

En décembre 1914, M. Millerand dit verbalement à M. Gustave Hervé que j'avais commis une faute professionnelle.

A la fin de janvier 1915, M. de Lanessan, ancien ministre, écrivit à M. Millerand que beaucoup de personnes, connaissant parfaitement mon cas, s'étonnaient de voir, qu'après cinq mois d'enquête, je fusse toujours dans l'attente. M. Millerand lui répondit : « Vous « me connaissez trop pour douter un instant « que je me laisse guider par une considération « autre que celle de la justice. »

Ainsi, j'étais un justiciable. De quoi donc étais-je accusé ?

Mis en demeure de me le dire (1), M. Millerand m'écrivit, le 8 février 1915, que je n'étais en rien responsable de l'évacuation de Lille et que, dès que les circonstances le permettraient, il me donnerait un emploi.

Après quatre mois d'attente, le 2 juin 1915 (2), je renouvelai la demande contenue dans ma

(1) Voir page 198.
(2) Voir annexe XIX.

lettre du 7 octobre 1914 (1), tendant à obtenir communication du motif de la décision du 30 août.

Cette réclamation, dont le ton était particulièrement agressif, me valut une lettre, plutôt humble, dans laquelle M. Millerand, ne répondant pas à la question que je lui posais, mais répondant à une question que je ne lui posais pas, me disait que, pour le moment, il ne disposait d'aucun emploi, en quelque sorte, digne de moi (2).

Il ajoutait que « ni ma personnalité, ni mes « connaissances professionnelles n'étaient en « cause ».

Il déclarait enfin que « les conclusions du « rapport du général Pau dégageaient abso-« lument ma responsabilité dans les événe-« ments de Lille ». Il reconnaissait ainsi im-plicitement qu'il m'avait injustement frappé le 30 août.

Pressé par la Ligue des Droits de l'Homme, le 22 juillet 1915 (3), de le dire explicitement, le ministre répondit, le 4 août 1915, « qu'il « n'existait aucune relation de cause à effet « entre le rôle que j'avais joué à Lille et la « décision qui m'avait relevé de mon em-ploi » (4).

C'était le reniement de la prétendue dé-

(1) Voir annexe XIII.
(2) Voir annexe XX.
(3) Voir annexe XXXVI.
(4) Voir annexe XXXVII.

claration du général Joffre, invoquée par
M. Millerand, au Conseil des ministres du 7 septembre 1914. C'était le désaveu de l'enquête.
C'était l'effondrement de toute la procédure suivie depuis un an.

Dans une lettre du 9 septembre 1915 (1), la
Ligue des Droits de l'Homme ne dissimula pas
au ministre de la guerre qu'il lui était impossible d'accepter une pareille réponse. Elle insista pour qu'on me fît savoir le motif de ma
disgrâce. Le ministre ne répondit pas.

J'intervins personnellement, le 20 septembre (2). Le ministre ne répondit pas davantage.

Je revins à la charge le 25 octobre (3). Le
ministre me répondit, le 27 (4), que, d'accord
avec les commissions parlementaires, il avait
pris la résolution de réduire le plus possible
le nombre des officiers généraux du cadre de
réserve occupant des emplois dans la zone de
l'intérieur.

Or, au moment où M. Millerand me faisait
cette réponse, je connaissais dix officiers généraux du cadre de réserve plus âgés que moi,
pourvus d'emplois dans la zone de l'intérieur.
Il y en avait certainement beaucoup plus. L'un
de ces dix généraux était celui-là même qui
m'avait remplacé dans mon inspection.

Successivement, le ministre s'était abrité

(1) Voir annexe XXXVIII
(2) Voir annexe XXIV.
(3) Voir annexe XXV.
(4) Voir annexe XXVI.

derrière le général Joffre, derrière le général Pau, puis derrière les commissions parlementaires.

A bout d'arguments, il fit dire à quelqu'un de mes amis, par des personnes de son entourage, que, s'il m'avait relevé de mon emploi, c'était à cause d'une certaine dureté d'oreille qu'il avait lui-même constatée chez moi. Je m'inscris en faux contre cette quatrième explication.

Tout d'abord, M. Millerand avait pris sa décision, lorsqu'il fit cette constatation.

Ma dureté d'oreille n'était d'ailleurs pas telle que je ne pusse passer des inspections. Je connais des officiers pourvus de commandements à l'intérieur ou sur le front, chez qui cette infirmité est beaucoup plus accentuée que chez moi.

Enfin, si tel avait été le motif de la décision du 30 août 1914, j'aime à croire que le ministre aurait fait pour moi ce que l'on fait pour un serviteur qui a cessé de plaire. Il m'aurait au moins donné mes huit jours. Or c'est par télégramme, et en pleine inspection, que j'ai reçu l'ordre de cesser immédiatement mes fonctions.

La brusquerie du geste ne peut s'expliquer que par une nécessité d'ordre gouvernemental.

Il ne fallait pas qu'au moment où le gouvernement, affolé, se retirait sur Bordeaux, on pût supposer que c'était lui qui avait donné l'ordre d'évacuer Lille. Il fallait laisser croire que c'était moi. Il fallait tout au moins me laisser soupçonner d'avoir, par mon incurie, rendu l'évacuation indispensable.

La décision du 30 août, prise six jours après l'évacuation, au plus fort de la campagne qui me représentait comme coupable de faiblesse, de lâcheté ou de trahison, n'a eu d'autre but que de donner une apparence d'exactitude aux bruits qui couraient sur moi.

CHAPITRE XIV

LA RÉPARATION

Le 29 août, j'avais écrit à M. Delesalle, maire
de Lille, à M. Trépont, préfet du Nord, et à
M. Debierre, sénateur du Nord, pour les prier
de démentir à Lille les bruits qui couraient sur
moi. A cet effet, je leur rappelais que, dans des
communiqués adressés à la presse, j'avais nette-
ment affirmé mon intention de défendre la
place. Mes lettres furent publiées dans les journaux de Lille, ainsi que l'attestent les réponses
de mes correspondants (1). Mais cette publication ne fut pas connue du reste de la France.

La lettre du général d'Amade m'apporta, elle
aussi, une réparation incomplète, les journaux
de droite s'étant bien gardés de la publier. Elle
avait d'ailleurs paru un mois trop tard; un
mois pendant lequel la légende avait fait un

(1) Voir annexes XLVIII, XLIX et LI

chemin considérable, circulant sur le front et dans les ambulances, provoquant la colère des blessés, pénétrant dans le moindre hameau.

Le 25 septembre 1914, sous forme de lettre à un ami, je rédigeai un mémoire dans lequel je me justifiais moi-même. J'en rédigeai un deuxième, le 25 décembre 1914, pour dire ce que l'enquête m'avait reproché. Mais, en raison de l'impossibilité de faire imprimer ces mémoires, ceux-ci ne reçurent qu'une publicité restreinte (1).

A la fin de janvier 1915, cinq mois s'étaient écoulés depuis l'ouverture de l'enquête.

Quatre mois s'étaient écoulés depuis le jour où le ministre de la guerre m'avait promis de me faire connaître ses résolutions, quand il serait saisi des conclusions du rapport du général Pau. Cet officier général était en route pour l'Orient. Il n'était pas douteux que ses conclusions fussent déposées.

Trois mois s'étaient écoulés depuis la réclamation, restée sans réponse, que j'avais adressée au président du conseil, faisant suite aux cinq réclamations adressées au ministre de la guerre.

Ce dernier persistait dans son imperturbable silence. J'étais depuis cinq mois sans emploi.

En conséquence, et malgré les succès partiels

____

(1) Bien que les mémoires des 25 septembre et 25 décembre 1914 ne contiennent rien qui ne soit reproduit dans le présent volume, je les ai insérés sous les n^{os} L et LI les annexes, à titre documentaire.

remportés sur la Censure par quelques-uns des journaux qui m'étaient favorables, ma situation vis-à-vis de l'opinion publique était à peu près la même qu'aux premiers jours de la guerre.

A tout instant, on venait demander à quelqu'un de mes familiers s'il était vrai que j'eusse épousé une Allemande; bruit ridicule que j'aurais négligé, si je n'avais vu, dans la faveur avec laquelle il était accueilli, le besoin qu'éprouvait le public de s'expliquer les manquements au devoir militaire dont il me croyait coupable.

A tout instant, il me fallait démontrer que, jamais, je n'avais été le subordonné direct du général Joffre; que ce dernier n'avait donc pu me demander de lui envoyer du renfort à Charleroi, d'autant que je n'avais à ma disposition de troupes de renfort pour qui que ce fût (1).

A tout instant, j'avais à faire ressortir l'insanité des racontars relatifs à mes rapports avec le général French.

A tout instant, je constatais chez les personnes les mieux disposées pour moi, une tendance à croire que mes adversaires avaient peut-être exagéré mes torts, mais qu'ils n'avaient pu fabriquer tant de fausses nouvelles de toutes pièces.

A tout instant, je sentais la froideur d'amis dans l'esprit desquels le silence du gouverne-

(1) Voir pages 14 et 158.

ment avait fait naître certains doutes; d'amis
se disant qu'il n'y avait pas de fumée sans feu
et que je devais avoir commis quelque faute.

*
* *

Je me décidai alors à m'adresser au Président de la République. Par lettre du 30 janvier
1915, je lui fis un exposé rapide de l'affaire et
je sollicitai de lui une audience, au cours de
laquelle je lui donnerais toutes les explications
qu'il voudrait bien me demander (1).

Pas plus que le ministre de la guerre et que
le président du conseil, le Président de la République ne voulut entrer en conversation avec
moi. Le 4 février 1915, il me fit savoir que, la
question étant d'ordre gouvernemental, il en
avait saisi le conseil des ministres et que le
ministre de la guerre était prêt à me recevoir (2).

Reçu par ce dernier le lundi 8 février, j'obtins
de lui une réponse verbale qu'il me confirma le
même jour par écrit dans la lettre suivante :

Comme suite à l'audience que je vous ai accordée, le lundi 8 février, et pour donner satisfaction
à la demande que vous m'avez exprimée au cours
de cette audience, j'ai l'honneur de vous confirmer
par écrit ce que je vous ai verbalement déclaré, à

----

(1) Voir annexe XVI.
(2) Voir annexe XVII.

savoir qu'il est absolument établi que vous n'êtes en rien responsable de l'évacuation de Lille au mois d'août 1914.

D'autre part, j'ai pris note du désir que vous m'avez manifesté d'être appelé à un emploi d'activité, et il est bien entendu que je me réserve, le cas échéant, de faire appel à vos services, au même titre qu'à ceux des autres officiers généraux du cadre de réserve.

A. MILLERAND.

La réparation que le ministre m'accordait ainsi, si appréciable qu'elle fût, était tardive et incomplète.

Tardive, car elle aurait pu venir cinq mois plus tôt; le ministre sachant, dès le mois de septembre 1914, que ce n'était pas moi qui avais fait évacuer Lille, puisqu'il m'avait fait reprocher par le général Pau de n'avoir pas provoqué cette évacuation.

Incomplète, car le ministre ne me rendait pas l'emploi dont il m'avait relevé le 30 août 1914.

Entre temps, le 4 juillet 1915, j'avais adressé au président du conseil, toujours M. Viviani, une réclamation qui se terminait comme il suit :

« Je suis donc la victime d'une injustice criante. Au lieu de la récompense à laquelle je m'étais créé des droits, en réorganisant aussi rapidement la défense de Lille, en réparant l'erreur de l'état-major qui n'avait pas prévu l'invasion allemande par la rive gauche de la Meuse et avait conseillé le désarmement de la place; au lieu de la joie patriotique que m'aurait procurée l'exécution du plan de défense que j'avais préparé, je n'ai recueilli que la disgrâce du gouvernement et l'opprobre de l'opinion publique.

« Je n'entends pas laisser ternir ainsi une carrière toute d'honneur et de loyauté; une carrière dont le début a été marqué par ma participation active à la guerre de 1870-1871, par les quarante-deux affaires auxquelles j'ai alors assisté, et par les deux blessures que j'ai reçues sur les champs de bataille; une carrière au cours de laquelle j'ai conscience d'avoir rendu d'importants services à l'armée et à la République; une carrière, enfin, dont le ministre de la Guerre a reconnu l'utilité, en m'écrivant, le 24 décembre 1911, dans une lettre rendue publique, que « mes travaux avaient laissé une « trace profonde dans l'artillerie française ».

« En conséquence, j'ai l'honneur de vous demander, Monsieur le Président du Conseil, de vouloir bien décider M. le ministre de la guerre à me donner la réparation à laquelle j'ai droit, soit en m'accordant une récompense, soit en m'appelant à un emploi. »

Le président du conseil ne répondit pas plus à cette réclamation qu'il n'avait répondu à celle du 27 octobre 1914. Il éprouvait, visiblement, un embarras très explicable. M. Viviani, en effet, était le chef du gouvernement qui :

avant la guerre, avait fait expédier sur d'autres forteresses le quart de l'armement de la place de Lille;

le 1er août 1914, avait virtuellement déclassé cette place, en violation de la loi du 10 juillet 1851 ;

après la déclaration de guerre, et jusqu'au 16 août 1914, avait continué à la désarmer ;

en pleine guerre, avait promis à M. le sénateur Debierre, à l'insu de l'autorité militaire, que la place ne serait pas défendue ;

le 24 août, avait donné l'ordre de l'évacuer.

C'eût été reconnaître ses torts que de me donner raison. Il faudra bien, cependant, qu'un jour ou l'autre, il fournisse, sur tous ces points, les explications qu'il doit au pays.

Voyant que je ne tirerais jamais rien du gouvernement de M. Viviani, je poursuivis, auprès des généraux Gallieni et Roques, successeurs de M. Millerand, l'abrogation de la décision du 30 août 1914, qui m'avait relevé de mon emploi. On trouvera mes lettres aux annexes, avec les réponses évasives des deux ministres de la guerre (1).

Après deux ans d'attente, je n'avais encore obtenu que l'insuffisante déclaration de M. Millerand, du 8 février 1915, à savoir que « je n'étais en rien responsable de l'évacuation de Lille, au mois d'août 1914 ».

Sans doute, j'avais remporté quelques succès partiels.

J'avais obligé M. Millerand, à la suite d'une enquête dont les intentions, cependant, étaient

(1) Voir annexes XXVII, XXVIII, XXX, XXXI et XXXII.

manifestement malveillantes, à déclarer que j'étais complètement absous par les conclusions du rapport du général Pau.

Je l'avais mis au défi de me dire le motif de sa décision du 30 août.

Je l'avais amené, par mon insistance, à avouer qu'il n'y avait aucune relation de cause à effet entre ladite décision et le rôle que j'avais joué dans la défense de Lille.

J'avais enfin adressé à M. Viviani un accablant réquisitoire, auquel il n'avait rien trouvé à répondre.

Tout cela constituait, *pour moi*, une réparation morale appréciable; mais le public n'en savait rien.

Survint un incident qui me permit de rentrer en scène.

Le 11 août 1916, à Santiago, ainsi qu'en rendit compte le *Mercurio* du 12 août, le gouvernement chilien fut interpellé au sujet de l'interdiction qu'il avait faite aux officiers de l'armée chilienne de s'affilier au Grand Orient. A cette occasion, le député Palacios prononça les paroles suivantes :

L'heure à laquelle l'armée française devait démontrer son efficacité a sonné douze ans plus tard, quand elle était déjà guérie de la blessure que lui avaient infligée le ministre de la guerre et le général Percin.

Cette armée s'est montrée grande, sans distinction de couleurs politiques.

Le général Percin, chef du service de la délation maçonnique, a reçu le châtiment d'être une exception, dans cette grande épopée d'un des plus grands peuples de la terre. Il a rendu Lille sans combattre et a dû abandonner ses grades et ses galons.

Le 5 octobre 1916, j'adressai à M. Briand, président du conseil des ministres, une lettre dont j'extrais ce qui suit : (1)

Il me paraît inadmissible que le gouvernement français laisse dire à la tribune d'un Parlement étranger :

1° qu'un général français a été le chef du service de la délation maçonnique;

2° que cet officier général a livré Lille sans combattre et a dû rendre ses galons.

Sur le premier point : le rôle que j'ai joué dans l'affaire des fiches a été exposé au ministre de la Guerre dans des rapports que je lui ai fournis les 20, 22, 27 février, 3 mars et 22 novembre 1905 et 30 octobre 1906.

Ce rôle a été déclaré *irréprochable* par le général de division, membre du Conseil supérieur de la guerre, mon supérieur hiérarchique, que le ministre a chargé de le renseigner, après examen de l'affaire.

M. Rouvier, alors président du Conseil, et M. Berteaux, ministre de la Guerre, m'ont interdit de livrer mes rapports à la publicité, disant, qu'en me maintenant à mon poste, ils me couvraient vis-à-vis de l'opinion publique; ajoutant que le gouvernement me donnerait prochainement des preuves plus palpables de sa confiance, en m'accordant de l'avancement.

Le gouvernement a reconnu la correction de mon attitude, puisqu'il m'a fait obtenir successivement :

en 1907, le commandement d'un corps d'armée;

dans la même année, l'inspection générale de l'instruction du tir de l'artillerie de campagne;

en 1909, un siège au Conseil supérieur de la guerre;

dans la même année, la plaque de grand officier de la Légion d'honneur.

Sur le deuxième point, voici les faits. Ils appartiendront bientôt à l'Histoire.

(Suivait le récit des événements de Lille, tel qu'il est exposé, dans les pages précédentes du présent volume).

Ma lettre se terminait comme il suit :

En conséquence, j'ai l'honneur de vous demander, monsieur le président du Conseil, de vouloir bien me faire obtenir la satisfaction à laquelle j'ai droit, sous une forme qu'il vous appartiendra de déterminer.

Général PERCIN.

Le président de la Ligue des droits de l'homme étant intervenu en ma faveur, obtint de M. Briand, le 16 octobre 1916, la réponse suivante :

Vous avez bien voulu appeler mon attention sur les paroles prononcées par un député du Chili, qui aurait apprécié, d'une façon tout à fait *inexacte* et *calomnieuse*, le rôle joué par M. le général Percin, *avant* et *pendant la guerre*, au cours des fonctions qui lui ont été confiées.

...Désireux de donner à M. le général Percin la *satisfaction morale à laquelle il a droit*, j'ai demandé à l'Agence Havas de donner télégraphiquement, aux allégations sus-visées, un démenti formel, et j'ai prescrit au représentant de la France à Santiago de s'entremettre pour faire donner, à ce démenti, la plus large publicité possible.

A. BRIAND.

Ainsi se trouvait affirmée la parfaite correction des rôles que j'avais joués, pendant la guerre et avant la guerre, c'est-à-dire dans l'affaire de Lille et dans l'affaire des fiches. M. Briand savait que, dans ces deux circonstances, je n'avais fait qu'exécuter les ordres de gouvernements responsables, dont on m'avait fait expier les erreurs, en me choisissant comme victime expiatoire.

*
* *

La lettre de M. Briand me donnait entière satisfaction. Mais M. Paul Painlevé, alors ministre de l'instruction publique, ambitionnait pour moi une réparation plus éclatante encore. M. Trépont, préfet du Nord, était allé le voir, et lui avait fait de moi un éloge pompeux. Des déclarations ainsi recueillies, M. Paul Painlevé avait conclu que mon rôle à Lille n'avait pas été seulement irréprochable, qu'il avait été digne d'éloges, et que je méritais une récompense. Il se promit de me la faire obtenir. Il me le fit dire par son chef de cabinet, M. Pécaud, inspecteur général de l'instruction publique.

Devenu ministre de la guerre, M. Paul Painlevé m'adressa, le 18 juin 1917, la lettre suivante :

Le Ministre de la Guerre à Monsieur le général de division Percin.

Des expériences comparatives d'artillerie de tranchée ont lieu actuellement au camp de Mailly. Vous voudrez bien me représenter à ces expériences.

Je me rendrai personnellement à la séance qui doit avoir lieu le 20. Je vous prie de m'y accompagner. Une place vous sera réservée dans le train présidentiel qui part le 19 courant, à 21 h. 30, de la gare de l'Est.

PAUL PAINLEVÉ.

J'étais ainsi rappelé à l'activité. J'obtenais l'emploi que, pendant trois ans, j'avais en vain sollicité de M. Millerand, des généraux Galliéni et Roques.

A la suite des rapports que je lui remis, sur les expériences auxquelles j'avais assisté, M. Paul Painlevé proposa à M. le Président de la

République et obtint que, par décret du 13 juillet 1917, je fusse élevé à la dignité de Grand-Croix de la Légion d'honneur. Ce fut la réparation éclatante dont M. Painlevé poursuivait l'obtention, depuis près de deux ans.

Dans la visite que j'avais faite à M. Millerand, le 8 février 1915, je lui avais exposé que le seul moyen de me réhabiliter aux yeux de l'opinion publique était de m'accorder, soit une récompense, soit un emploi. Ce ministre m'avait répondu : « Ni l'un ni l'autre. » Il m'avait simplement remis et autorisé à publier la déclaration que l'on sait.

M. Paul Painlevé, lui, m'accorda l'un et l'autre. Acte significatif et courageux, dont je lui garderai toujours une profonde reconnaissance.

CHAPITRE XV

RÉSUMÉ ET CONCLUSIONS

Ainsi que je l'ai dit dans le premier chapitre, je n'aurais pas écrit ce livre, si je n'avais eu en vue que de présenter ma défense personnelle. Mon but a été surtout de mettre en évidence quelques-unes des causes de nos premiers revers.

Une commission dont le rapporteur était le général de division Séré de Rivière avait organisé, il y a quarante ans, le système défensif de la France, d'après les enseignements de la guerre de 1870-1871.

Les conditions de la défense n'ont pas changé. Mais on se lasse facilement, en France, d'efforts dont on n'aperçoit pas la nécessité immédiate.

On dénigra la fortification. On prêcha l'offensive à outrance. De nombreuses forteresses furent déclassées.

La guerre de 1914-1918, au cours de laquelle de simples tranchées précédées de réseaux de fils de fer ont arrêté, pendant des années entières, une armée de deux millions d'hommes, a montré que, si la grosse artillerie a aujourd'hui raison de la maçonnerie, du béton et des cuirassements, elle est à peu près impuissante contre les ouvrages en terre. Les procédés de l'attaque et de la défense des places doivent donc se transformer; mais le règne de la fortification est loin d'être terminé.

Dans les discussions qui eurent lieu avant la guerre, entre les partisans et les adversaires de l'utilisation de la place de Lille, le gouvernement eut le tort de ne pas prendre carrément parti.

Il désorganisa la défense, comme s'il avait l'intention de déclasser la place, mais il ne déclara pas que celle-ci serait déclassée.

Il m'avait envoyé à Lille, en 1912, pour prendre connaissance du plan de mobilisation de la place. Il ne m'informa pas, depuis, des changements qu'il y avait apportés.

Lorsque j'eus rejoint mon poste, la guerre une fois déclarée, personne ne put me dire, à Lille, dans quelle situation se trouvait exactement la place. Le ministre me laissa sans instruction aucune sur le rôle qu'elle devait jouer dans la défense du territoire national.

Le déclassement d'une place de guerre ne pouvant être ordonné que par une loi, je considérai qu'il était de mon devoir de préparer l'organisation de la défense, en tirant le meilleur parti possible des moyens dont je disposais.

Cette manière de voir fut approuvée le 20 août. Mais, à peine la place était-elle remise en état de défense, qu'un ordre du 24 août la déclarait ville ouverte et prescrivait de l'évacuer.

L'évacuation de Lille constituait, de la part du gouvernement, une faute très grave. Car, remise en état de défense, cette place devint, entre les mains des Allemands, au cours de la bataille de l'Yser, un point d'appui dont la possession leur procura sur nous un avantage considérable. C'est l'existence de ce point d'appui qui nous empêcha de tourner la droite allemande.

Le gouvernement se rendit si bien compte de la faute qu'il avait commise que, jamais, il n'osa déclarer que c'était lui qui avait ordonné l'évacuation. Il laissa le public croire que c'était moi.

Pour donner à cette accusation une apparence d'exactitude, le ministre de la guerre, alors M. Millerand, me releva sans motif de l'emploi d'inspecteur d'artillerie que son prédécesseur, M. Messimy, m'avait confié, avant de faire évacuer la place. Il refusa d'envoyer à la presse un communiqué faisant connaître que je n'étais en rien responsable de l'évacuation.

La Censure laissa passer les articles de journaux qui m'attaquaient. Elle arrêta ceux des journaux qui me défendaient.

La disgrâce aurait dû suivre l'enquête. Elle la précéda. Il y avait urgence. En attendant que l'opinion publique fût remise de l'émotion que lui avaient causée nos premiers revers, il fallait empêcher qu'on soupçonnât le gouvernement d'avoir fait évacuer Lille; il fallait laisser peser sur moi ce soupçon, ou tout au moins celui d'avoir commis quelque maladresse rendant l'évacuation nécessaire. Ma disgrâce permit de jeter au public cet os à ronger.

Plus tard, la vérité ayant réussi à se faire jour, le gouvernement chargea le général Pau de soutenir que l'évacuation ne constituait nullement une faute; que c'était moi, au contraire, qui étais fautif de ne l'avoir pas proposée.

On avait vu des généraux passer en conseil d'enquête pour abandon de la place qu'ils étaient chargés de défendre. On vit un général soumis à une enquête pour avoir voulu défendre la place dont le commandement lui avait été confié.

On m'avait toujours dit qu'un chef digne de ce nom devait aller au-devant des responsabilités. Il se trouva quelqu'un pour me reprocher:

de ne pas m'être plaint au ministre de la situation difficile dans laquelle il m'avait placé;

de m'être contenté des moyens de défense dont je disposais;

d'avoir, malgré la faiblesse de ces moyens, conservé mes espérances et ma foi.

Je répondis fièrement à ces observations que je me flattais de n'avoir jamais vu les choses comme le gouvernement aurait voulu que je les visse. Au lieu de réprimer cette réponse hautaine, au lieu de me frapper plus sévèrement encore, ce qu'il n'aurait pas manqué de faire si j'avais commis la moindre faute professionnelle, le ministre de la guerre me déclara que l'enquête du général Pau avait absolument dégagé ma responsabilité dans les événements de Lille et que, dès que les circonstances le permettraient, il me rappellerait à l'activité.

Le ministre reconnaissait ainsi implicitement, d'une part, que rien ne justifiait la décision par laquelle, cinq mois auparavant, il m'avait relevé de mon emploi d'inspecteur d'artillerie; d'autre part, que l'évacuation constituait une faute, contrairement à ce qu'il avait fait soutenir, trois mois auparavant, par le général Pau.

***

L'Etat-major a une très grosse part de responsabilité dans les événements qui marquèrent le début de la guerre de 1914. Il a nié, malgré les avertissements qui lui ont été adressés, la possibilité d'une invasion allemande par la rive gauche de la Meuse. Il a dès lors jugé inutile d'engager des dépenses pour l'entretien des fortifications de Lille et l'amélioration de son armement.

Il savait bien, cependant, il l'a déclaré dans un communiqué officiel du 25 mars 1915, que « de nombreux indices pouvaient faire redouter la violation par l'Allemagne de la neutralité belge ». Conséquemment, il aurait dû adopter un plan de concentration disposant nos armées en un point convenablement choisi et dans une formation assez souple pour qu'elles pussent s'ébranler vers le nord ou vers l'est, suivant les circonstances. Ce dispositif lui aurait peut-être permis « d'arriver à temps pour interdire à l'ennemi le passage de la Meuse ». Du moins, c'est ce qu'affirme le communiqué du 25 mars 1915.

Au lieu d'adopter un plan de ce genre, l'état-major orienta nos armées « face à l'Allemagne et rien que face à l'Allemagne », dans une formation rigide ne se prêtant pas à la manœuvre. Quatre armées sur cinq étaient en première ligne et une en réserve, derrière le centre de cette ligne.

Lorsque l'on apprit la violation de la neutralité belge, on fit glisser vers l'ouest l'armée qui se trouvait à la gauche de notre ligne de bataille et on boucha le trou ainsi formé avec l'armée qui se trouvait en réserve. Manœuvre difficile et longue qui ne pouvait parer à un mouvement enveloppant par la rive gauche de la Meuse.

Cette manœuvre avait en outre l'inconvénient de supprimer chez nous toute réserve, de répartir nos forces uniformément sur le front, de nous condamner ainsi à la bataille parallèle, alors que l'ennemi avait le gros de ses forces à son aile droite, du côté de Charleroi.

Les Allemands engagèrent contre nous, dès le début de la guerre, 34 corps d'armée dont 13 de réserve, soit plus de 2 millions d'hommes, auxquels nous n'opposâmes que 21 corps d'armée, soit environ 1.200.000 hommes.

Leur proportion fut donc moyennement de 3 contre 2. Elle fut de 3 contre 1 dans la région de Charleroi.

Les raisons qui ont conduit le gouvernement à négliger la défense de Lille sont donc les mêmes que celles pour lesquelles nous avons été battus à Charleroi.

L'état-major ne croyait pas que les Allemands disposeraient d'aussi gros effectifs pour les premières batailles. Il ne croyait pas aux réserves, pas plus pour les Allemands que pour nous.

Nos voisins, que l'on représentait comme y croyant moins encore, y croyaient au contraire beaucoup plus.

Loin de répudier le système de la nation armée, les Allemands l'avaient appliqué mieux que nous.

L'évacuation de Lille a été l'aboutissement lamentable d'une série d'erreurs et de négligences, dont l'énumération est accablante pour le gouvernement de la France et pour l'état-major français :

1° l'idée fausse que les Allemands nous attaqueraient avec leur armée active seulement, à peine grossie de quelques réservistes de complément, et que, dès lors, ils ne pourraient étendre leur front de Belfort jusqu'à Lille, sans l'amincir au point que, suivant la parole du général de Castelnau, ils risqueraient de se faire couper en deux;

2° la naïveté d'orateurs et d'écrivains tels que le général Pau, le général Maitrot, le lieutenant-colonel Buat, MM. Eugène Etienne, Paul Bénazet et Joseph Reinach, prévenant les Allemands, au cours de la discussion de la loi de trois ans, que nous nous garderions bien d'engager nos réserves dans la première bataille, que nos unités actives seraient les premières jetées à la frontière, les réserves n'intervenant que plus tard, après plusieurs semaines d'entraînement; aveu dont se sont réjouis nos ennemis; aveu qui les a encouragés à persévérer dans leurs intentions; aveu qui a fait de nous les inconscients complices de la préparation et de l'exécution du plan allemand;

3° l'adoption par notre état-major d'un plan de concentration adéquat à l'idée fausse qu'il se faisait des projets allemands; plan de concentration qui disposait nos armées face à l'Allemagne, dans une formation rigide facilitant l'enveloppement de notre aile gauche;

4° la désorganisation de la défense de la frontière du nord, défense dont le plan avait été établi, après la guerre de 1870-1871, par une commission dont le rapporteur était le général Séré de Rivière;

le déclassement des places de Mézières, de Saint-Omer, du fort de Saint-François à Aire, de Douai, du fort de la Scarpe, de la citadelle d'Arras, de Valenciennes, de Bouchain, de Cambrai, de Landrecies, de Vitry-le-François, de Condé-sur-l'Escaut, du Quesnoy et de Péronne;

le dépôt, par le gouvernement, en 1899, d'un projet de loi que vota la Chambre des députés, mais que repoussa le Sénat, projet de loi stipulant que, dans les places de Lille, de Langres, de Laon, de Dijon et de Reims, la fortification serait conservée, pour être utilisée en cas de besoin, mais ne serait plus entretenue ni armée;

5° la réponse de l'état-major à une question que lui avait posée Jaurès, au sujet du peu de confiance dudit état-major dans la fortification, réponse que Jaurès a signalée à la Chambre, le 18 juin 1913 : « Nous ne voulons pas de forteresses, parce que cela gênerait nos facultés de manœuvre »;

6° l'indifférence que montra cet état-major, après les votes contradictoires de la Chambre et du Sénat, en ne prenant pas carrément parti pour ou contre le système du général Séré de Rivière, en ne demandant au parlement, ni l'abandon complet de nos forteresses de la frontière du nord, ni les fonds nécessaires pour les entretenir et pour augmenter nos approvisionnements de bouches à feu de gros calibres;

7° l'incurie dont fit preuve le gouvernement lui-même, en maintenant, en temps de paix, un gouverneur à Lille, ce qui paraissait indiquer que, dans son esprit, la place n'était pas déclassée, mais en laissant le service du génie transformer les fossés des fortifications en jardins potagers, et les glacis en jardins publics;

8° les regrettables décisions que prirent successivement les ministres de la guerre Noulens et Messimy:

de prélever sur la place de Lille, pour renforcer l'armement des places de Paris et de

Maubeuge, 80 bouches à feu, pendant le premier semestre 1914;

d'en prélever 73 autres, après la déclaration de guerre, avec 46.000 coups, dont 15.000 de 120, constituant la totalité des obus explosifs de ce calibre;

de prélever en outre toutes les mitrailleuses;

de supprimer les 2.900 auxiliaires d'artillerie qui, la mobilisation une fois déclarée, devaient servir les pièces et construire les ouvrages en terre;

de supprimer enfin le gouverneur de la place, la veille de la déclaration de guerre, sans dire cependant si, oui ou non, la place était déclassée;

9° l'indifférence dont avaient déjà fait preuve les prédécesseurs de M. Noulens : MM. Etienne et Millerand, en ne se préoccupant pas de la situation de la frontière du nord, malgré les avertissements contenus dans le beau livre de Jaurès sur *l'Armée nouvelle*; malgré le discours dans lequel ce dernier avait dit à la Chambre, le 16 juin 1913 :

« La ligne de défense qui ne couvre que la frontière de l'est, doit couvrir désormais, pour des éventualités nouvelles, la frontière du nord. Hâtons-nous de construire de nouvelles forteresses. »

10° l'oubli qu'a commis le ministre de la guerre, après m'avoir envoyé à Lille, en 1912, pour prendre connaissance du plan de mobilisation de la place, en ne m'informant pas, depuis, des changements qu'il y avait apportés;

11° l'incohérence des mesures que le ministre a prises en envoyant à Lille, quelques heures avant l'ordre d'évacuation, 14 mitrailleuses, 3.000 coups de 75 et 3 millions de cartouches d'infanterie; puis, en oubliant de prévenir l'état-major de l'armée, de la décision qu'il venait de prendre, oubli dont la conséquence fut que, six heures après, l'état-major de l'armée invitait le commandant de la 1re région, au nom du ministre de la guerre, à préparer le repliement des dépôts.

12° la mentalité d'un état-major ignorant les nécessités d'ordre gouvernemental, ignorant les nécessités du commerce et de l'industrie, ignorant tout ce qui ne constituait pas l'intérêt militaire proprement dit;

13° par contre, l'extraordinaire et inexplicable mentalité d'un gouvernement qui, le 24 août 1914, en déclarant Lille ville ouverte, a sacrifié les intérêts de la défense nationale aux appréhensions d'autorités civiles apeurées;

14° la mentalité d'un parlement qui, au lieu d'écouter Jaurès, dont les avertissements ont été véritablement prophétiques, a écouté le général Pau;

15° la mentalité d'un peuple, auquel il a suffi de raconter que Guillaume II ne voulait pas de pères de famille dans les armées de première ligne, pour lui faire croire, à ce peuple,

que les Allemands, inventeurs, après leur défaite d'Iéna, du système des réserves, auquel
ils ont dû, depuis, leurs succès de Leipzig en
1813, de Sadowa en 1866, et de Sedan en 1870,
avaient répudié le principe de la nation armée.

On frémit à la pensée des conséquences fan-
tastiques qu'un pareil état des esprits aurait pu
entraîner, dans la conduite des opérations militaires. Ne devons-nous pas nous estimer bien
heureux d'en avoir été quittes avec la prolongation de la guerre pendant quatre ans?

1ᵉʳ Janvier 1919.

ANNEXES

Pour diminuer la longueur des annexes, on a remplacé, par des lignes de points et par des indications très succinctes, les passages qui se trouvent déjà dans le texte, ou dans les annexes précédentes.

CORRESPONDANCE ÉCHANGÉE ENTRE LE GÉNÉRAL
PERCIN ET LES AUTORITÉS SUPÉRIEURES

I. — 9 août 1912. — Le Ministre de la Guerre au général Percin.

J'ai l'honneur de vous faire connaître que, par décision du 10 juillet 1912, vous avez été désigné pour exercer, en cas de mobilisation, le commandement de la 1re région

II. — 16 août 1914. — Télégramme chiffré du Ministre de la Guerre au général Percin.

Conformément à l'arrêté qui paraîtra demain, 17 août, au *Journal officiel*, territoire complet première région passe dans la zone des armées.

Commandement supérieur du territoire et des troupes stationnées ou dirigées sur la première région sera exercé par général d'Amade, dont quartier général sera Arras.

III. — 24 août 1914, 8 heures du matin. — Message téléphonique du général d'Amade au général Percin.

Le ministre fait connaître, par communication téléphonique, que, par décision du 24 août, M. le général de division Percin est nommé inspecteur général de l'instruction des formations d'artillerie de la réserve et de l'armée territoriale.

M. le général Percin se rendra à Paris, pour organiser son service et prendre les instructions du ministre à ce sujet.

Les fonctions de commandant de la première région seront exercées provisoirement par M. le général Herment, commandant la défense de la place de Lille.

IV. — 27 août 1914. — Le général Percin au Ministre de la Guerre (1).

N'ayant pu être reçu hier, j'ai l'honneur de vous adresser, par écrit, le rapport que j'aurais désiré vous faire verbalement.

. . . .

(Voir le texte, pages 6 et suivantes.)

. . . .

En conséquence, j'ai l'honneur de vous demander d'adresser à la presse un communiqué, affirmant :

(1) Le 27 août, M. Messimy était encore ministre de la Guerre: mais cette lettre a été reçue par M. Millerand.

que ma mutation ne constitue nullement une disgrâce;

qu'elle est motivée au contraire par mes connaissances en matière d'artillerie;

que l'ordre d'abandonner Lille n'est pas de moi; qu'il est postérieur à ma mutation, qu'il n'y a aucune corrélation entre les deux décisions;

que j'ai toujours la confiance du ministre de la guerre.

V. — 28 août 1914. — Le général Percin au Ministre de la Guerre.

La *Libre Parole* d'aujourd'hui demande « pour« quoi le général Percin, reconnu incapable et « loufoque à Lille, est, non pas destitué, mais « changé de poste, et chargé d'une lourde inspec« tion générale ».

J'ai l'honneur de vous demander que ce journal soit suspendu, pour propagation de fausses nouvelles de nature à troubler l'opinion publique.

Cette sanction me paraît le seul moyen de couper court à une campagne qui, ainsi que je l'ai dit dans ma lettre d'hier, tend à porter un préjudice très grave à ma réputation militaire.

VI. — 29 août 1914. — Le général Percin au Ministre de la Guerre.

L'*Action Française* d'aujourd'hui dit que le général Michal a été appelé au poste de gouverneur de Lille en remplacement du général Percin, qui avait compromis la défense de cette place.

J'ai l'honneur de vous supplier, monsieur le ministre, de défendre mon honneur militaire, en adressant à ce journal un démenti.

VII. — 30 août 1914. — Le général Percin au gouverneur militaire de Paris.

J'ai l'honneur de vous adresser un exemplaire de l'*Echo de Paris*, du 29 août 1914, contenant un entrefilet qu'il est impossible de laisser passer, au moment où les pires anarchistes donnent l'exemple de l'union de tous les Français (1).

Je demande que l'*Echo de Paris* soit suspendu, pour propagation de nouvelles fausses, de nature à diminuer l'autorité dont j'ai besoin pour l'accomplissement de ma mission.

VIII. — 31 août 1914. — Le Ministre de la Guerre au général Percin.

Le ministre de la guerre informe M. le général de division Percin que, par décision ministérielle du 30 août 1914, il est relevé de ses fonctions d'inspecteur des dépôts d'artillerie de la zone de l'intérieur.

IX. — 1er septembre 1914. — Le général d'Amade au général Percin.

(Voir le texte, page 145.)

(1) L'entrefilet de l'*Echo de Paris* était ainsi conçu :
« M. le général Percin, relevé du commandement de la place de Lille, devant l'ennemi, est nommé inspecteur de quelque chose, sans doute pour avoir droit, sinon à l'activité, du moins à la solde d'activité. »

X. — 11 septembre 1914. — Circulaire ministérielle adressée aux commandants de région.

J'ai l'honneur de vous prier de vouloir bien aviser des prescriptions suivantes les officiers généraux ou supérieurs, qui, relevés de leur commandement ou de leur emploi, ont établi leur résidence sur le territoire de votre région.

Ces officiers se divisent en deux catégories :

1° Ceux qui ont été l'objet d'un relèvement par mesure disciplinaire et à qui notification a été faite, lors de leur remplacement, d'avoir à se retirer dans la 12° région et de s'y considérer comme étant aux arrêts de rigueur.

2° Ceux qui ont été relevés de leur commandement, emploi ou mission, et qui n'ont reçu aucune notification du genre de celle visée ci-dessus.

Pour les officiers de la 1re catégorie, il n'y a aucun doute, ils n'ont qu'à obéir à l'ordre qui leur assigne une résidence.

Les seconds demeurent libres du choix de leur résidence à la condition, toutefois, que ce ne soit ni dans le gouvernement militaire de Paris, ni dans la 18° régon, ni dans la région où ils exerçaient leur commandement ou avaient un emploi en temps de paix.

Dans tous les cas, les officiers visés aux alinéas 1 et 2 doivent faire connaître leur adresse au ministre, par l'intermédiaire du commandant de région.

XI. — 12 septembre 1914. — Le général Percin au Ministre de la Guerre

Relevé, par décision ministérielle du 30 août 1914, de mon emploi d'inspecteur des dépôts d'artillerie de la zone de l'intérieur, et n'ayant pu, malgré de nombreuses tentatives, être reçu par vous, ni à Paris, ni à Bordeaux, j'ai l'honneur de vous demander de me faire connaître le motif de ma disgrâce.

XII. — 25 septembre 1914. — Le Ministre de la Guerre au général Percin.

Le général de division Percin est autorisé à demeurer à Saint-Georges-de-Didonne, à la seule condition de ne pas venir à Bordeaux sans y avoir été convoqué préalablement.

XIII. — 7 octobre 1914. — Le général Percin au Ministre de la Guerre

Par lettres des 27, 28 et 29 août 1914, je vous ai fait connaître :

. . . .

(Voir annexes IV, V, VI.)

. . . .

En vain, vous ai-je demandé d'adresser aux journaux un communiqué démentant les bruits qui couraient sur moi.

En vain, depuis six semaines, fais-je tout ce que je puis pour détruire cette odieuse légende.

A mes déclarations, chacun répond :

« Pourquoi le ministre de la guerre vous laisse-t-il sans commandement? »

Par lettre du 12 septembre, je vous ai prié de me faire connaître le motif de la décision du 27 août, qui m'a relevé de mon emploi d'inspecteur des dépôts d'artillerie. Je n'ai pas reçu de réponse.

.   .   .   .

(Voir le texte, page 157.)

.   .   .   .

J'ai l'honneur de vous demander :

pourquoi vous me laissez, aussi longtemps, dans cette incertitude extrêmement pénible pour moi;

pourquoi il m'est interdit, par la note ministérielle du 25 septembre, de me rendre à Bordeaux, sans y avoir été convoqué préalablement;

pourquoi je suis privé de l'honneur de servir mon pays, alors que des officiers généraux plus âgés que moi sont pourvus de commandements que je serais parfaitement capable d'exercer.

XIV. — 12 octobre 1914. — Le Ministre de la Guerre au général Percin.

En réponse à votre lettre du 7 octobre courant, j'ai l'honneur de vous faire connaître :

1° que je ne saurais en admettre le ton;

2° que je vous ferai connaître mes résolutions lorsque j'aurai été saisi des conclusions du rapport du général Pau.

XV. — 27 octobre 1914. — Le général Percin au Président du Conseil des Ministres.

J'ai l'honneur de vous adresser la réclamation suivante :

Par décision ministérielle du 24 août 1914, j'ai été nommé inspecteur des dépôts d'artillerie de la zone de l'intérieur.

Mon inspection était à peine commencée que, par décision du 30 août, le ministre de la guerre, alors M. Millerand, me relevait de mon emploi d'inspecteur.

. . . .

(Voir le texte, page 188.)

. . . .

De l'exposé qui précède, il résulte que la décision du 30 août est quadruplement irrégulière :

(Voir le texte, page 189.)

En conséquence, j'ai l'honneur de vous demander d'inviter le ministre de la guerre à annuler sa décision du 30 août 1914.

XVI. — 30 janvier 1915. — Le général Percin au Président de la République Française.

J'ai l'honneur de vous demander de m'accorder une audience, au cours de laquelle je répondrai aux questions que vous voudrez bien me poser sur les faits dont l'exposé est ci-après.

. . . .

(Voir le texte, pages 9 et suivantes.)

. . . .

Par lettre du 27 août, je demandai au ministre de la guerre, alors M. Millerand, de défendre mon honneur de soldat, en faisant connaître aux journaux que l'ordre d'abandonner Lille n'avait pas été donné par moi.

Cette lettre resta sans réponse, ainsi que mes lettres des 28 août, 29 août et 12 septembre suivant.

Le 7 octobre, j'adressai une cinquième réclamation au ministre de la guerre. Ce dernier me répondit, le 13, qu'il me ferait connaître ses résolutions, quand il serait saisi des conclusions de l'enquête sur les événements de Lille, dont il avait chargé le général Pau.

Le 27 octobre, n'ayant rien reçu du ministre de la guerre, j'adressai au président du Conseil des ministres une réclamation qui resta encore sans réponse.

Trois mois se sont écoulés depuis cette sixième réclamation, cinq mois depuis la première, sans que j'aie obtenu la réhabilitation que je sollicite. En conséquence, j'ai l'honneur de m'adresser au président de la République, chef des armées de terre et de mer.

XVII. — 4 février 1915. — Le secrétaire général de la Présidence de la République au général Percin.

En réponse à votre lettre du 30 janvier dernier, M. le président de la République me charge de vous faire connaître que les questions dont vous l'avez entretenu étant d'ordre gouvernemental, il en a aussitôt saisi le Conseil des ministres et particulièrement M. le ministre de la guerre, qui est tout prêt à vous donner audience si vous lui en exprimez le désir.

XVIII. — 8 février 1915. — Le Ministre de la Guerre au général Percin.

. . . .

(Voir le texte, page 198.)

. . . .

XIX. — 2 juin 1915. — Le général Percin au Ministre de la Guerre, à Paris.

Le 7 octobre 1914, j'ai eu l'honneur de vous demander le motif pour lequel, par décision du

30 août, vous m'aviez relevé de l'emploi d'inspecteur d'artillerie que votre prédécesseur m'avait confié le 24 août.

. . . .

(Voir annexes XIV et XVIII.)

. . . .

En conséquence, j'ai l'honneur de renouveler la demande contenue dans ma lettre du 7 octobre 1914, tendant à obtenir communication du motif de la décision du 30 août.

XX. — 5 juin 1915 — Le Ministre de la Guerre au général Percin.

Par lettre en date du 2 juin 1915, vous me demandez pour quelles raisons je ne fais pas de nouveau appel à vos services, alors que les conclusions du rapport du général Pau ont dégagé votre responsabilité dans les événements de Lille.

J'ai l'honneur de vous faire connaître que ni votre personnalité, ni vos connaissances professionnelles ne sont en cause, mais que je me suis fait une règle de réserver les emplois de la zone de l'intérieur de préférence aux officiers généraux revenus du front ou passés, depuis peu de temps, dans la section de réserve, et ayant exercé, autant que possible, un commandement aux armées.

D'autre part, le grand nombre d'officiers généraux remis à ma disposition par le général en chef et le petit nombre de places devenant vacantes à l'intérieur ne me permettent pas de fixer le délai — même approximatif — dans lequel il peut m'être possible de confier un commandement aux officiers généraux disponibles — et, en particulier, à ceux d'entre eux qui, comme vous, ont occupé dans l'armée des situations importantes pour les-

quelles n'existent, en ce moment, que de très rares
équivalences.

**XXI. — 4 juillet 1915. — Le général Percin au
Président du Conseil des Ministres.**

J'ai l'honneur de vous adresser, comme suite
à ma réclamation du 27 octobre 1914, et à l'envoi
des documents qui y étaient annexés, une copie
de la correspondance que je viens d'échanger avec
M. le ministre de la guerre.

Dans sa lettre du 5 juin, M. le ministre ne
répond pas à la question que je lui posais. Il répond à une question que je ne lui posais pas.

M. le ministre me dit, en effet, qu'il n'a pas,
pour le moment, d'emploi à me donner; mais il
ne me dit pas pourquoi il m'a repris, le 30 août,
l'emploi que son prédécesseur m'avait confié le
24 août. Il paraît croire qu'il m'accorde une réparation suffisante, en déclarant qu'il n'a rien à me
reprocher, ni en ce qui concerne les événements
de Lille, ni en ce qui concerne mes connaisances
professionnelles et ma personnalité.

Cette déclaration ne me suffit nullement. Elle
atteste, au contraire, que j'ai été frappé injustement.

Voici les faits. Ils appartiendront bientôt à l'histoire.

. . . .

(Voir le texte, pages 9 et suivantes.)

. . . .

Quelques heures avant de déclarer Lille ville
ouverte, le ministre de la guerre, alors M. Messimy, faisant appel à mes connaissances techniques, m'avait demandé d'abandonner les fonctions
de commandant de la 1re région et de prendre

celles d'inspecteur général d'artillerie de la zone de l'intérieur. J'avais accepté cette proposition.

Le public ignorant vit dans cette succession d'événements une relation de cause à effet. Il me rendit responsable de l'évacuation. Il m'accusa de faiblesse, de lâcheté ou de trahison.

C'est le moment que choisit le ministre de la guerre, cette fois M. Millerand, pour me relever de mon emploi d'inspecteur d'artillerie. Ce fut la seule réponse qu'il fit à trois lettres par lesquelles je le suppliais, le 27, le 28 et le 29 août, de démentir les bruits qui couraient sur moi.

Après m'avoir frappé sans me dire pourquoi, après m'avoir relégué, comme un malfaiteur, dans la localité que j'avais choisie pour résidence, avec interdiction de me rendre à Bordeaux et à Paris, où j'avais mon domicile habituel, mes intérêts, mes parents, mes amis, M. le ministre ouvrit une enquête, dont il me promit, par lettre du 12 octobre, de me faire connaître le résultat, dès qu'il serait saisi des conclusions du rapport du général Pau.

Il me fallut attendre huit mois, il me fallut adresser cinq réclamations, indépendamment des trois lettres dont je viens de parler, pour obtenir cette déclaration que « les conclusions du rapport du général Pau avaient dégagé ma responsabilité dans les événements de Lille ».

D'un mot, dès le début, M. le ministre aurait pu arrêter l'infâme légende qui tendait à me déshonorer. Ce mot, il n'a pas voulu le prononcer.

J'ai subi, de ce fait, un préjudice moral et un préjudice matériel considérables.

J'ai été insulté dans la rue. J'ai reçu des lettres d'injures.

Ma maison de campagne a été lapidée. On m'a menacé d'y mettre le feu.

A Paris, un propriétaire a refusé de me louer un appartement.

Et aujourd'hui encore, bien que la vérité soit connue, des amis qui, au début, m'avaient tourné le dos, hésitent à revenir à moi.

Je suis donc la victime d'une injustice criante. Au lieu de la récompense à laquelle je m'étais créé des droits, en réorganisant aussi promptement la défense de Lille, en réparant l'erreur de l'état-major qui n'avait pas prévu l'invasion allemande par la rive gauche de la Meuse et avait conseillé le désarmement de la place; au lieu de la joie patriotique que m'aurait procurée l'exécution du plan de défense que j'avais préparé, je n'ai recueilli que la disgrâce du gouvernement et l'opprobre de l'opinion publique.

Je n'entends pas laisser ternir ainsi une carrière toute d'honneur et de loyauté; une carrière dont le début a été marqué par ma participation active à la guerre de 1870-1871, par les quarante-deux affaires auxquelles j'ai alors assisté, et par les deux blessures que j'ai reçues sur les champs de bataille; une carrière au cours de laquelle j'ai conscience d'avoir rendu d'importants services à l'armée et à la République; une carrière, enfin, dont le ministre de la guerre a reconnu l'utilité, en m'écrivant, le 24 décembre 1911, dans une lettre rendue publique, que « mes travaux avaient laissé une trace profonde dans l'artillerie française ».

En conséquence, j'ai l'honneur de vous demander de vouloir bien décider M. le ministre de la guerre à me donner la réparation à laquelle j'ai droit, soit en m'accordant une récompense, soit en m'appelant à un emploi.

XXII. — 6 septembre 1915. — Le général Percin au général commandant en chef des armées françaises.

Depuis un an, l'opinion publique, mal informée du rôle que j'avais à jouer à Lille, au mois d'août 1914, comme commandant de la 1ʳᵉ région, m'attribue une part de responsabilité dans les événements de Charleroi, événements auxquels je suis resté complètement étranger.

J'ai l'honneur de vous demander très instamment, mon général, de ne pas me laisser supporter cette responsabilité plus longtemps.

On a raconté que j'avais conservé pendant quarante-huit heures un télégramme par lequel vous me prescriviez de vous envoyer des troupes de renfort.

Malgré la publication d'une lettre du 1ᵉʳ septembre 1914, dans laquelle le général d'Amade rendait hommage à mon dévouement patriotique, et déclarait, qu'à aucun moment, la moindre défaillance n'avait pu m'être reprochée, la légende de mon incurie s'est répandue en France et à l'étranger.

(Voir le texte, pages 153 et suivantes.

Ces informations n'ont été démenties par aucun de mes chefs hiérarchiques, le ministre de la guerre s'étant borné à déclarer, le 8 février 1915, dans une lettre rendue publique, que je n'étais en rien responsable de l'évacuation de Lille, au mois d'août 1914.

Le ministre ignore d'ailleurs les ordres que vous

avez pu me donner, pendant les huit jours que la 1re région a fait partie de la zone des armées. Vous seul pouvez attester :

que je me suis toujours exactement conformé à vos instructions;

que j'ai notamment remis, en trois jours, la place de Lille en état de défense; que j'ai fait exécuter les reconnaissances nécessaires et que mes escadrons ont ramené plusieurs prisonniers;

que je n'ai jamais reçu aucun ordre d'intervenir dans la bataille de Charleroi, bataille dont le plus gros s'est passé à 100 kilomètres de Lille, et dont je n'ai été informé que longtemps après, par les journaux.

J'ai l'honneur de vous demander de vouloir bien me délivrer cette attestation.

XXIII. — 16 septembre 1915. — Le général Joffre, commandant en chef les armées françaises, au général Percin.

(Voir page 154.)

XXIV. — 20 septembre 1915. — Le général Percin au Ministre de la Guerre.

J'ai l'honneur de vous adresser, à l'occasion d'une récente décision de la Censure, une réclamation contre la persistance avec laquelle, depuis un an, ce service laisse passer les attaques de presse dont je suis l'objet et arrête l'insertion de mes réponses, ou tente de l'arrêter.

(Voir Annexes V, VI, VII et XL à XLVII.)

A la suite de l'interdiction d'insérer ma réponse à la *Gazette de Lausanne*, la Censure m'a fait savoir que des ordres venus d'en haut avaient prescrit d'arrêter désormais toute attaque dirigée contre moi, la lettre ministérielle du 8 février 1915, rendue publique, ayant dû mettre fin aux polémiques dont j'avais été l'objet. Mais il y a un an qu'on me fait les mêmes promesses.

La lettre ministérielle du 8 février 1915 vise d'ailleurs les événements de Lille, et non ceux de Charleroi. Or, les informations dont j'ai donné plus haut une énumération, probablement incomplète, montrent que la légende de mon incurie, dans l'affaire de Charleroi, est établie en France et à l'étranger. Les attaques recommenceront certainement.

Le seul moyen d'arrêter ces attaques est de rapporter la décision du 30 août 1914, qui m'a relevé de mon emploi d'inspecteur d'artillerie.

XXV. — 25 octobre 1915. — Le général Percin au Ministre de la Guerre

Le 20 septembre dernier, je vous ai adressé une réclamation contre la persistance avec laquelle, depuis un an, la Censure laisse passer les attaques de presse dont je suis l'objet et arrête l'insertion de mes réponses.

Comme suite à cette réclamation, j'ai l'honneur de vous exposer que la librairie Lavauzelle vient de publier, sous le titre « De Liége à la Marne », un livre de M. Pierre Dauzet, précédé d'une préface de M. Gabriel Hanotaux, et dans lequel je lis ce qui suit :

(Voir Annexe XLVI.)

Il y a environ quinze jours, M. Prud'hon, avocat à la Cour d'appel, a reçu la visite d'un soldat territorial originaire de Lille, qui lui a dit que j'avais trahi, et qu'il me tuerait, si je tombais entre ses mains.

Le même propos a été tenu à M. Haïck, négociant, 94, boulevard Sébastopol, par le concierge de la maison, soldat territorial mobilisé.

Enfin, le 10 octobre dernier, j'ai reçu une lettre anonyme me prévenant, qu'après la guerre, plus d'un soldat était décidé à me tuer, pour la même raison.

La lettre ministérielle du 8 février 1915, rendue publique, n'a donc pas mis fin aux bruits qui ont couru sur moi. En conséquence, je me permets de vous rappeler la promesse contenue dans cette lettre de m'appeler, le cas échéant, à un emploi d'activité, au même titre que les autres officiers généraux du cadre de réserve.

Je n'ignore pas, monsieur le ministre, que ce rappel ne constitue nullement un droit; mais j'ose espérer que vous y verrez, comme moi, une réparation légitime des tourments et des affronts que je subis depuis quatorze mois.

XXVI. — 27 octobre 1915. — Le Ministre de la Guerre au général Percin.

En réponse à votre lettre du 25 octobre, j'ai l'honneur de vous faire connaître que le service de la Censure ne peut assumer la responsabilité de la suppression des innombrables erreurs de fait commises par les écrivains, lorsqu'ils relatent les événements du début de la campagne.

En vous adressant ma lettre du 8 février 1915, et en vous autorisant à en faire publiquement usage, j'ai entendu, précisément, vous fournir le moyen de réduire à néant les accusations qui avaient été ou qui pourraient être portées contre vous.

Quant aux menaces dont vous êtes l'objet de la part de mobilisés, je me ferai un devoir — si vous me fournissez les éléments indispensables — de faire ouvrir une enquête sur les faits que vous me signalez.

Enfin, en ce qui concerne votre rappel à l'activité, il m'est d'autant plus difficile de satisfaire à votre désir que j'ai pri la résolution, d'accord avec les commissions parlementaires, de réduire le plus possible le nombre des officiers généraux du cadre de réserve occupant des emplois dans la zone de l'intérieur.

XXVII. — 2 novembre 1915. — Le général Percin au Ministre de la Guerre.

J'ai l'honneur de vous demander de vouloir bien m'accorder une audience, au cours de laquelle je vous donnerai, si vous le jugez convenable, des explications complémentaires sur les faits exposés ci-après.

Par décision du 30 août 1914, votre prédécesseur, M. Millerand, m'a relevé de l'emploi d'inspecteur d'artillerie que M. Messimy m'avait confié le 24 août.

. . . .

(Voir Annexes XI à XXVI.)

. . . .

Je n'ignore pas, monsieur le ministre, qu'en principe, un officier général n'a aucun droit à la communication des motifs pour lesquels le ministre de la guerre l'emploie ou ne l'emploie pas.

Maïs mon cas n'est pas celui d'un officier général quelconque.

J'ai été relevé de mon emploi d'inspecteur d'artillerie, dans des conditions particulièrement dures et cruelles pour moi.

Dures, car c'est par télégramme que j'ai reçu l'ordre de cesser immédiatement mon inspection, avec interdiction de me rendre à Paris ou à Bordeaux; comme si j'avais commis une faute. grave.

Cruelles, parce que, même si l'on avait eu quoi quoi que ce fût à me reprocher, j'aurais eu droit à quelques ménagements. J'étais, en effet, sous le coup d'une infâme légende, à laquelle ma disgrâce donnait une apparence de vérité.

C'est au point, qu'en ce moment encore, je suis violemment attaqué. J'en ai rendu compte à votre prédécesseur, par lettre du 25 octobre dernier.

Mon rappel à l'activité mettrait fin à toutes ces attaques. Ce serait une réparation légitime des tourments et des affronts que je subis depuis quatorze mois.

J'ai conscience, monsieur le ministre, d'être capable de rendre encore des services à la défense nationale. Il m'est profondément pénible de me voir condamné à l'inaction, alors que de nombreux officiers généraux, plus âgés que moi, ou dont l'activité physique est inférieure à la mienne, sont pourvus de commandements à l'intérieur ou sur le front.

XXVIII. — 7 novembre 1915. — Le général Galliéni, Ministre de la Guerre, au général Percin.

Le ministre de la guerre a pris connaissance de la lettre que lui a adressée le général Percin, à la date du 2 novembre dernier.

Il sait les mérites et les services rendus par cet officier général; mais, dans les circonstances actuelles où des ordres sont en voie d'exécution pour réduire le nombre considérable d'officiers généraux employés à l'intérieur, il regrette de ne pouvoir prendre aucun engagement en vue de son rappel à l'activité.

Dans ces conditions, la demande d'audience présentée par le général Percin et qui n'a d'autre but que d'entretenir le ministre de ce rappel, devient sans objet. Le ministre prie le général Percin de vouloir bien y renoncer, en raison, d'autre part, des multiples occupations de sa prise de fonctions.

XXIX. — 20 mai 1916. — Le général Percin au Procureur de la République.

J'ai l'honneur de vous adresser une plainte contre inconnu, dont je crois devoir tout d'abord vous exposer la genèse.

. . . .

(Voir Annexes précédentes.)

. . . .

Voici enfin quelques injures, avec menaces de mort, qui m'ont été adressées directement ou indirectement, verbalement ou par écrit.

Au commencement du mois d'octobre 1918, un soldat territorial, originaire de Lille, a déclaré devant deux personnes qui me l'ont répété que j'avais trahi, et qu'il me tuerait, si je tombais entre ses mains. Eclairé par mon mémoire du 25 septembre 1914, ce soldat a reconnu son erreur.

Le même propos avait été tenu, quelques mois avant, à un négociant du boulevard Sébastopol, par le concierge de sa maison, soldat territorial mobilisé.

Le 16 octobre 1915, j'ai reçu la lettre anonyme ci-incluse, m'injuriant et me prévenant, qu'après la guerre, plus d'un soldat était décidé à me tuer.

Le 2 mai 1916, j'en ai reçu une autre, également ci-incluse, m'accusant de trahison devant l'ennemi et me menaçant du sort de Jaurès.

Enfin, le 14 mai dernier, j'en ai reçu une troisième, dactylographiée, encore ci-incluse, disant que j'avais été chassé de l'armée.

J'ai l'honneur de vous signaler ces faits, et de porter plainte contre inconnu, en vous priant de donner à cette plainte la suite qu'elle comporte, conformément à la loi.

XXX. — 30 mai 1916. — Le général Percin au Ministre de la Guerre

J'ai l'honneur de vous adresser la copie d'une plainte contre inconnu que j'ai déposée, le 29 mai dernier, entre les mains de M. le procureur de la République, plainte motivée par des lettres anonymes visant les événements de Lille et contenant des injures, avec menaces de mort.

La légende dont je suis victime ne se serait pas répandue, et les menaces qui en sont la conséquence ne se seraient pas produites, si, le 30 août 1914, le ministre de la guerre, alors M. Millerand, ne m'avait relevé, sans me dire pourquoi, de l'emploi d'inspecteur d'artillerie dont j'étais pourvu, depuis six jours seulement, ou s'il avait tenu la promesse que, par lettre du 8 février 1915, rendue publique, il m'a faite de me rendre un emploi.

En conséquence, j'ai l'honneur de renouveler les demandes que, par mes lettres des 12 septem-

bre et 7 octobre 1914, 2 juin, 20 septembre et
2 novembre 1915, j'ai faites à vos prédécesseurs,
tendant à obtenir, soit un emploi, soit communication du motif pour lequel j'ai été relevé de celui
que j'occupais le 30 août 1914.

XXXI. — 7 juillet 1916. — Le général Roques, ministre de la Guerre, au général Percin.

Vous m'avez adressé, le 30 mai 1916, une demande en vue d'obtenir, soit un emploi, soit communication du motif qui vous a fait relever des
fonctions que vous occupiez le 30 août 1914.

J'ai l'honneur de vous faire connaître que je
ne puis que vous confirmer les lettres de mes prédécesseurs, en particulier celles en date du 6 juin
et du 4 août 1915.

La lettre en date du 4 août 1915 de M. Millerand, alors ministre de la guerre, au président de
la Ligue des Droits de l'Homme, indiquant en
effet de la manière la plus précise qu'il n'existe
aucune relation de cause à effet entre le rôle que
vous avez joué à Lille et votre relèvement des
fonctions d'inspecteur des dépôts d'artillerie qui
vous avaient été confiées, j'estime que vous avez
eu entière satisfaction et que vous disposez ainsi
de tous les moyens de défense nécessaires pour
ruiner la légende dont vous seriez victime. —

Je vous rappelle du reste, que le décret du
18 août 1914 a suspendu pendant la durée de la
guerre l'application des dispositions de l'article 65
de la loi de finances du 22 avril 1905 au sujet
de la communication des notes.

Il m'est, d'autre part, très difficile de vous
confier un emploi correspondant à votre grade et
aux hautes situations que vous avez occupées. Ces

emplois sont peu nombreux et je me suis, en outre,
imposé comme règle, depuis mon arrivée au ministère, de ne confier des commandements à l'intérieur qu'à des généraux âgés de moins de 65 ans
ou n'ayant dépassé que de très peu la limite d'âge
légale.

XXXII. — 9 juillet 1916. — Le général Percin
u Ministre de la Guerre

J'ai l'honneur de vous accuser réception de
votre dépêche du 7 juillet 1915, N° 4402 D, dont
le dernier alinéa dit que, depuis votre arrivée au
ministère, vous vous êtes imposé pour règle de ne
confier de commandement à l'intérieur qu'à des
généraux âgés de 65 ans, ou n'ayant dépassé que
de très peu la limite d'âge légale.

Je me permets de vous faire remarquer, très
respectueusement, que le général Brugère, qui a
75 ans, a été récemment chargé d'une mission à
l'intérieur.

Antérieurement, et sauf mutations récentes,
dont je n'aurais pas eu connaissance, les généraux
Pédoya, de Torcy, Dalstein, Lefort et Pau, respec-
tivement âgés de 78, 72, 71 et 69 ans, étaient
pourvus d'un emploi.

XXXIII. — 5 octobre 1916. — Le général Percin
au Président du Conseil des Ministres.

J'ai l'honneur de vous rendre compte, d'après
le *Mercurio* du 12 août 1916, journal chilien de
Santiago, d'un incident qui s'est produit, le 11 août
dernier, au cours d'une séance publique de la
Chambre des députés.

(Voir le texte pages 202 et suivantes.)

(Voir Annexe XXI.)

En conséquence, j'ai l'honneur de vous demander de vouloir bien me faire obtenir la satisfaction à laquelle j'ai droit, sous une forme qu'il vous appartiendra de déterminer.

CORRESPONDANCE ÉCHANGÉE ENTRE LA LIGUE DES DROITS DE L'HOMME, LE GÉNÉRAL PERCIN ET LE MINISTRE DE LA GUERRE.

XXXIV. — 10 juin 1915. — Le président Buisson de la Ligue des Droits de l'Homme, au Ministre de la Guerre.

Le 30 août 1914, vous avez frappé le général Percin d'une mesure qui a le caractère d'une sanction disciplinaire.

Par une lettre du 2 juin, le général Percin vous a demandé les motifs de cette disgrâce. Vous avez bien voulu lui écrire, le 8 février, qu'il n'était en rien responsable de l'évacuation de Lille au mois d'août 1914. Cette déclaration le lave-t-elle de tout reproche, ou estimez-vous qu'il ait commis d'autres fautes?

La demande du général nous paraît légitime. L'état de guerre qui interdit certaines publicités ne proscrit point toutes les garanties d'équité; même sous l'état de guerre, il paraîtra toujours injuste de frapper quelqu'un sans lui dire pourquoi.

Nous sommes convaincus que vous voudrez donner au général Percin la réponse qu'il attend.

XXXV. — 21 juin 1915. — Le secrétaire général Guernut, de la Ligue des Droits de l'Homme, au général Percin.

J'ai été appelé au Ministère samedi dernier au sujet de votre affaire. Une après-midi que vous serez de loisir et que vous passerez rue Jacob, je vous rapporterai la substance de notre entretien.

XXXVI. — 22 juillet 1915. — Le Vice-Président Victor Basch, de la Ligue des Droits de l'Homme, au Ministre de la Guerre.

Par une décision du 30 août 1914, vous avez relevé le général Percin de ses fonctions d'inspecteur des dépôts d'artillerie de la zone de l'intérieur. Interrogé par le général sur le motif de sa disgrâce, vous lui avez répondu, verbalement, le 21 septembre 1914, que vous aviez chargé le général Pau d'une enquête sur la responsabilité des chefs qui ont commandé à Lille, et, à une lettre du général Percin, datée du 7 octobre, vous avez répondu, le 12 : « Je vous ferai connaître ma résolution lorsque j'aurai été saisi des conclusions du rapport du général Pau. »

C'est donc bien en raison de sa conduite à Lille que le général Percin a été destitué de ses fonctions.

Or, dans une audience que vous avez bien voulu lui donner le 8 février, vous lui avez dit et vous lui avez ensuite écrit : « Il est absolument établi que vous n'êtes en rien responsable de l'évacuation de Lille au mois d'août 1914. »

― Le 5 juin 1915, vous lui avez de nouveau écrit : « Le rapport du général Pau a dégagé votre responsabilité des événements de Lille. » Ces déclarations ont été confirmées le 19 juin à notre secrétaire général, M. Henri Guernut, par M. le chef adjoint chargé de la direction des affaires civiles et du cabinet particulier. Il en résulte, avec la plus claire évidence, que le général Percin, dans le commandement qu'il a exercé depuis le début des hostilités, est à vos yeux irréprochable, et que c'est par erreur qu'il a été frappé le 30 août.

Je n'ai pas besoin de vous rappeler, monsieur le ministre, combien cette erreur a été préjudiciable à l'honneur d'un officier qui a rendu les plus grands services à l'armée. Nous sommes convaincus que, sous la forme qui vous paraîtra la meilleure, vous voudrez en toute équité accorder au général Percin, victime d'une abominable légende, une légitime réparation.

XXXVII. — 4 août 1915. — Le Ministre de la Guerre au Président de la Ligue des Droits de l'Homme.

Par lettre du 22 juillet, vous me demandez quelle réparation j'ai l'intention d'accorder au général Percin à la suite de la conclusion de l'enquête sur les événements de Lille.

J'ai l'honneur de vous faire connaître :

1° Qu'il n'existe aucune relation de cause à effet entre le rôle joué à Lille par le général Percin — rôle dont je n'avais pas connaissance à la fin d'août 1914 — et le relèvement de cet officier général de ses fonctions d'inspecteur d'artillerie qui lui avaient été confiées par mon prédécesseur;

2° que j'ai déjà autorisé le général Percin à

publier la lettre écrite par moi à la suite de la conclusion de l'enquête du général Pau. Cette publication, qui a eu lieu, est de nature à disculper le général des imputations qui ont pu être portées, à un certain moment, contre lui.

Pour le surplus, c'est-à-dire pour les conditions dans lesquelles il me serait possible, dans l'avenir, de faire appel aux services du général Percin, je vous prie de bien vouloir vous reporter à ma réponse du 5 juin, dont vous avez eu connaissance.

XXXVIII. — 9 septembre 1915. — Le Vice-Président Victor Basch, de la Ligue des Droits de l'Homme, au Ministre de la Guerre.

Vous avez bien voulu nous faire savoir, par votre lettre du 4 août, qu'il n'existe aucune relation de cause à effet entre le rôle joué à Lille par le général Percin... et le relèvement de cet officier général des fonctions d'inspecteur des dépôts d'artillerie qui lui avaient été confiées par votre prédécesseur.

Si nous comprenons bien votre communication, c'est en raison de fautes commises ou d'insuffisance constatée dans son service d'inspecteur que le général aurait été frappé.

Vous estimerez certainement, monsieur le ministre, qu'un officier général ne peut rester sous le coup d'une imputation vague, conjecturée par inférence, qui est peut-être grave, qui est peut-être légère, et vous tiendrez à lui faire connaître avec plus de précision les motifs de sa disgrâce.

Nous savons que vous n'y êtes point strictement obligé; mais, nous faisons appel, au-dessus des règlements interprétés à la lettre, à votre sentiment de la justice. Un avocat, un juriste, un homme qui a passé sa vie dans la pratique du droit ne voudra point, s'il est élevé un jour à une fonction d'autorité, user d'une faculté exceptionnelle, trouvée dans un texte, pour supprimer une garantie élémentaire du droit. Il n'y a aucun danger public à dire à quelqu'un pourquoi on l'évince; vous savez qu'il y en a un — dans tous les cas — à l'évincer sans lui dire pourquoi. Je veux admettre que les griefs relevés à la charge du général ne sont point de ceux qui déshonorent un homme : raison de plus pour qu'il les connaisse, pour qu'il sache avec certitude s'il peut relever la tête ou dans quelle mesure sa conscience doit l'accuser.

XXXIX. — 16 octobre 1916. — Le Président du Conseil des Ministres Briand au Président de la Ligue des Droits de l'Homme.

(Voir le texte, page 205.)

LETTRES ADRESSÉES AUX JOURNAUX PAR LE GÉNÉRAL PERCIN

XL. — 28 août 1914. — A la « Libre Parole ».

La *Libre Parole* du 28 août dit que j'ai été relevé, comme incapable et loufoque, du commandement de la 1re région, à Lille.

J'oppose à cette allégation le démenti le plus formel et le plus catégorique et je vous invite à insérer la présente lettre dans le plus prochain numéro de votre journal.

XLI. — 25 septembre 1914. — A « La Guerre sociale ».

Vous avez successivement annoncé :

1° le 5 septembre, que j'étais fou;

2° le 7 septembre, que j'étais malade;

3° le 11 septembre, que j'étais insuffisant.

Le 9 septembre, il est vrai, vous avez démenti la première de ces trois informations. Je viens vous demander de démentir les deux autres.

. . . .

Je suis en parfaite santé. Et si j'avais été reconnu insuffisant, dans mon commandement de Lille, le Ministre me l'aurait dit, en me relevant de mon emploi.

XLII. — 6 décembre 1914. — Le général Percin au journal « La Stampa ».

On me communique *La Stampa* du 21 novembre 1914, dans laquelle il est dit que j'ai été destitué, pour avoir abandonné la place de Lille le 24 août dernier, après avoir hissé le drapeau blanc sur les forts.

J'ai l'honneur de vous faire connaître que votre rédacteur a été mal informé.

Je n'ai pas hissé le drapeau blanc. Je n'ai pas été destitué.

La place de Lille a été abandonnée, par ordre du ministre de la Guerre, contrairement à l'avis que j'avais exprimé.

XLIII. — 15 décembre 1914. — Le général Percin au journal « La Liberté ».

Dans un article intitulé « La Bataille de Charleroi », la *Liberté* du 4 décembre dit que les troupes de Lille avaient reçu l'ordre de venir renforcer le 3° corps, mais qu'elles ne sont pas venues.

J'ai l'honneur de vous faire connaître que votre correspondant a été mal informé.

Je commandais alors les troupes de Lille. Je n'ai jamais reçu l'ordre d'envoyer ces troupes renforcer celles de Charleroi.

LXIV. — 14 janvier 1915. — Le général Percin à M. Georges Ohnet.

Dans le fascicule n° 1, page 75, du « Journal d'un bourgeois de Paris », vous vous faites l'écho d'un bruit d'après lequel j'aurais, comme Grouchy à Waterloo, causé par mon inaction la défaite de Charleroi.

Je donne à cette allégation le démenti le plus formel et le plus catégorique.

Je commandais à Lille, non pas le 1er corps d'armée, ni ce que vous appelez l'armée de Lille, mais le territoire de la 1re région. Et je n'ai pas eu à intervenir, par l'envoi de renforts, dans la bataille de Charleroi.

XLV. — 29 avril 1915. — Le général Percin à la « Gazette de Lausanne ».

Je lis dans un journal français, reproduisant un article du colonel Secretan, publié dans la *Gazette de Lausanne,* sur la bataille de Charleroi, que « les

« détachements massés à Lille, sous le général
« Percin, pour s'opposer aux incursions de la cava-
« lerie allemande, ne jouèrent pas, dans la ba-
« taille, le rôle qui leur avait été prescrit ».

J'ai l'honneur de vous faire connaître que les
détachements que je commandais à Lille n'ont jamais reçu aucun ordre d'intervenir dans la
bataille de Charleroi.

XLVI. — 30 octobre 1915. — A. M. Pierre Dauzet.

Dans la 11ᵉ édition de votre livre « Le Liége à la
Marne », je lis :

page 39, que, pendant le mois d'août 1914, le
le général Percin avait à Lille le commandement
d'un groupement de forces chargées de parer à
tout événement, notamment un raid de cavalerie
sur le flanc des armées françaises;

page 48, que pour des raisons qui restent obscures, ces troupes ne sont pas intervenues dans la
bataille de Charleroi.

J'ai l'honneur de vous faire connaître que vous
avez été mal renseigné.

. . . .

(Voir annexes précédentes.)

. . . .

En conséquence, je vous serais obligé :

1° de supprimer, dans votre prochaine édition,
les passages précités des pages 39, 48 et 52 ;

2° de me dire à quelle source vous avez puisé
ces renseignements erronés, afin de me permettre
de demander à leur auteur lui-même de qui il les
tient.

XLVII. — 30 octobre 1915. — A M. Gabriel Hanotaux, de l'Académie française.

Au mois d'octobre 1914, sachant que vous entrepreniez la publication d'une histoire de la guerre actuelle, je vous ai adressé la copie d'une lettre du 25 septembre, dans laquelle je démentais les bruits calomnieux qui couraient sur moi.

Le 12 mars 1915, je vous ai offert de vous donner des renseignements plus complets.

Vous ne m'avez fait l'honneur de répondre ni à l'une ni à l'autre de mes deux communications.

Si vous aviez daigné m'entendre, vous auriez appris quel avait exactement été mon rôle à Lille, pendant le mois d'août 1914, comme commandant de la 1re région. Et, alors, dans le livre de M. Pierre Dauzet, intitulé « De Liége à la Marne », livre que vous avez dû lire, avant d'y faire une préface, vous n'auriez pas laissé dire, pages 39 et 48 de la 11e édition, que, pour des raisons restées obscures, le groupement de forces constitué à Lille, sous les ordres du général Percin, n'était pas intervenu dans la bataille de Charleroi.

Vous auriez pu m'aider à détruire la ridicule légende qui m'a représenté comme ayant conservé dans ma poche, pendant quarante-huit heures, un ordre du général Joffre, me prescrivant de lui envoyer du renfort à Charleroi.

Je regrette votre manque de curiosité, qui m'étonne chez un historien, et je vous prie d'agréer l'assurance de ma considération distinguée.

CORRESPONDANCE ÉCHANGÉE AVEC DES PARTICULIERS

XLVIII. — 14 septembre 1914. — Le sénateur Debierre au général Percin.

J'ai publié votre lettre dans le *Réveil du Nord*. Seulement je ne l'ai reçue que le 12 septembre.

Je suis désolé de toutes les calomnies que l'on a déversées sur vous. Mais la vérité s'est enfin fait jour ici, à votre endroit.

XLIX. — 21 septembre 1914. — Le maire de Lille, Delesalle, au général Percin.

J'ai reçu hier soir seulement votre honorée du 12 de ce mois et m'empresse de vous faire connaître que celle que vous m'avez adressée en date du 29 août dernier ne m'est parvenue que le 13 septembre courant, époque à laquelle nous l'avons communiquée aux journaux locaux qui l'ont insérée.

L. — 25 septembre 1914. — Le général Percin à un Ami.

Vous n'êtes pas sans connaître quelques-uns des bruits extraordinaires qui ont couru sur moi, au sujet du rôle que j'ai joué dans la défense de Lille, pendant le mois d'août 1914.

On a raconté :

. . . .

(Voir le texte, pages 6 et suivantes.)

. . . .

J'ai fait mon devoir à Lille, tout mon devoir, plus que mon devoir.

Le 1er septembre, sous le coup de l'indignation que lui avaient causée les attaques dirigées contre moi, le général d'Amade m'a écrit ce qui suit :

« Je vous ai vu à Arras et à Lille. Ce fut tou-
« jours pour rendre hommage à votre dévouement
« et à l'esprit de devoir patriotique qui vous avait
« ramené sous les drapeaux.

« Votre bonne volonté dépassait même vos for-
« ces physiques; car vos soixante-huit ans pou-
« vaient être une difficulté pour l'accomplissement
« d'une tâche devant laquelle de plus jeunes
« auraient reculé.

« A aucun moment, je le proclame bien haut, la
« moindre défaillance n'a pu vous être repro-
« chée. »

Dans ce témoignage d'un chef qui m'a vu à l'œuvre, aux heures difficiles, et dans les explications qui précèdent, j'espère, mon cher ami, que vous trouverez la force de conviction nécessaire pour réduire à néant les attaques dont j'ai été l'objet.

Par avance, je vous en remercie et je vous prie de croire à mes sentiments les plus dévoués.

LI. — 30 septembre 1914. — Le préfet du Nord Trépont au général Percin.

Il m'est agréable de vous répondre que les bruits extravagants qui vous ont justement ému, ne circulent plus. La publication de votre lettre dans la presse a mis fin aux racontars ridicules qui avaient d'ailleurs été démentis par ceux qui ont gardé quelque sang-froid.

LII. — 30 septembre 1914. — Le général Herment au général Percin.

J'ai trouvé à Douai votre lettre du 9 septembre. Je m'empresse de vous répondre.

Je vous enverrai, dès que je serai de retour à Périgueux, une copie du rapport que j'ai fourni au général d'Amade, sur les événements qui se sont passés à Lille ou dans la région, du 20 au 27 août 1914.

Ayant entendu dire que l'on vous accusait d'être la cause de ce qui s'était passé à Lille, j'ai protesté en disant que votre conduite avait été des plus correctes : celle d'un soldat ayant une haute idée de ses devoirs militaires.

Voici d'ailleurs le récit que j'ai fait à ceux qui m'ont parlé des bruits que l'on répandait sur votre compte.

. . . .

(Suit un récit tout à fait conforme à celui que j'ai fait dans ma lettre à un ami du 25 septembre 1914, lettre que, cependant, le général Herment a reçue le 10 octobre seulement.)

. . . .

LIII. — Cabinet du Ministre des Travaux publics. — Bordeaux, le 5 octobre 1914. — M. Albert Thomas au général Percin.

J'ai lu avec passion votre mémoire.

J'avais beaucoup regretté déjà de ne pas vous avoir rencontré, lors de votre passage à Bordeaux. J'aurais été d'autant plus heureux de causer avec vous que j'avais su par mon ami Daniel Vincent, lors de mon passage à Paris, ce qu'il y avait d'im-

bécile et de crapuleux dans les accusations qui
étaient lancées contre vous. Votre mémoire si net,
si précis, lève pour vos amis le voile qui demeurait
encore devant les événements des 20 et 24 août.

Au fond, il s'est passé pour Lille ce qui était sur
le point de se passer pour Paris. Si nos amis du
ministère n'étaient pas intervenus pour la défense
de Paris, Paris aurait peut-être été abandonné
comme Lille l'a été. Ce sont des choses qu'il faudra dire un jour.

En tout cas, je ne manquerai pas de communi-
quer à nos amis le mémoire que vous m'avez
adressé et qui constituera un document utile, si un
jour ou l'autre, après la guerre, une enquête analogue à celle de 1871 est ouverte.

LIV. — 10 octobre 1914. — Le général Herment au général Percin.

Je vous adresse ci-joint une copie du rapport
que j'ai remis, le 6 septembre, à M. le général
d'Amade. Ce rapport, rédigé à Elbeuf, est un ré-
sumé de ce qui s'est passé, à Lille et à Douai, du
21 au 27 août 1914.

Depuis, j'ai reçu du général Pau un questionnaire par lequel on m'interroge sur de très nombreux points, auxquels, pourtant, mon rapport
répondait en grande partie.

Ce questionnaire est trop important pour qu'il
ne vous soit pas communiqué (1); car il parle des
rapports qui ont existé entre vous et moi, de ceux
que j'ai eus avec le général d'Amade. Il envisage
ensuite la question des évacuations. On me demande si je les avais prévues, si j'avais fait un

(1) Ce questionnaire ne m'a jamais été communiqué que
par le général Herment. (Voir annexe CXXI.)

projet, étudié la question en détail ou sommaire-
ment, etc...

Je vais vous faire une copie de ce questionnaire,
qui demande des réponses précises sur bien des
points et auquel il est bien difficile de répondre;
car, même avec une très bonne mémoire, on ne
peut se souvenir de tout ce que l'on a fait dans
des journées aussi remplies que celles qui se sont
écoulées du 21 au 27 août.

LV. — 16 octobre 1914. — Le général Herment au général Percin.

Je vous adresse le questionnaire dont je vous ai
annoncé l'envoi, le 10 octobre dernier.

Dans ce questionnaire, il y a des demandes
enfantines. D'autres sont extraordinaires. Ainsi,
on me demande si, le 7 août, jour où les Allemands
ont attaqué Liége, j'avais prévu l'évacuation de
Douai et celle de Lille. Comme si le communiqué
officiel qui, le 20 août, nous disait que tout allait
bien, pouvait nous permettre de deviner la retraite
qui s'est produite le 22 ou le 23 août.

Le Ministre n'était-il pas mieux renseigné que
nous? C'était à lui à nous donner des ordres d'évacuation et à nous prescrire de nous y préparer.

Je trouve aussi que ce questionnaire pose des
questions tendancieuses, destinées à nous mettre
dans un mauvais cas.

. . . .

(Voir le texte page 165.)

. . . .

Je vous enverrai une copie de mes réponses,
quand je les aurai terminées. Il faut espérer que
l'on nous rendra justice, car nous avons fait aussi
bien que possible; et je ne vois pas, même à pré-

sent, ce que j'aurais pu faire de mieux que ce que j'ai fait.

LVI. — 25 décembre 1914. — Le général Percin à un Ami.

Dans ma lettre du 25 septembre 1914, je vous ai dit que le public m'avait accusé d'avoir, par faiblesse, par lâcheté ou par trahison, abandonné la place de Lille, dont la défense m'avait été confiée.

Le Ministre de la Guerre a refusé de démentir ces bruits, disant qu'il m'appartenait de les démentir moi-même. Mais, il a ouvert une enquête, dans le but de déterminer les responsabilités encourues par les différents chefs qui avaient joué un rôle dans la défense de Lille.

Le 21 septembre 1914, je me suis présenté à l'officier général chargé de cette enquête, et je lui ai exposé que, loin d'avoir évacué Lille, de ma propre initiative, j'avais vivement regretté que le Ministre de la Guerre eût donné l'ordre d'évacuation, car j'estimais que, même avec les moyens réduits dont elle disposait, la place était en situation de faire une défense très honorable, et j'avais pris, à cet effet, toutes les mesures qu'il fallait, d'accord avec mon chef hiérarchique, le général d'Amade, et avec mon subordonné direct, le général Herment.

Six semaines après, le 6 novembre 1914, le général chargé de l'enquête m'adressa un questionnaire dont voici la première et principale question :

(Voir le texte, page 177.)

. . . .

(Voir annexes LXVIII à LXXIV, les procès verbaux de l'enquête.)

. . . .

Il y a bientôt quatre mois, mon cher ami, que cette enquête dure, et j'en ignore toujours le résultat, malgré deux réclamations adressées, l'une au Ministre de la Guerre le 7 octobre dernier, l'autre au Président du Conseil des Ministres le 27 du même mois.

Désespérant de jamais recevoir une réponse, j'ai tenu à vous adresser les explications qui précèdent. Je serai heureux que vous les trouviez satisfaisantes et, dans cet espoir, je vous prie de croire à mes sentiments dévoués.

LVII. — 24 février 1915. — Le général Herment au général Percin.

EXTRAIT

. . . .

Le général Lebas avait lu mes deux brochures sur la défense de la frontière du Nord et les articles que j'avais publiés à ce sujet dans la *France militaire*. Et comme il protestait contre le démartèlement de Lille, je crois qu'on l'invita à se tenir tranquille (1).

On l'appela ensuite à Paris, en mars ou en avril 1913. Cela, je le tiens de lui. Dans l'entretien qu'il eut avec le général de Castelnau, ce dernier énuméra les forces que les Allemands pouvaient mettre en ligne, les plaça sur la carte, et démon-

(1) Dans une lettre du 1er mars 1915, le général Crémer, ancien commandant du 1er corps, m'a fait savoir, qu'en effet, il avait été chargé par le ministre de la Guerre de rappeler à l'ordre le général Lebas. — Général PERCIN.

tra que l'invasion par la région de Lille était inadmissible.

DOCUMENTS CONCERNANT LA DEFENSE DE LILLE

LVIII. — 2 août 1914. — Plan de concentration des armées françaises.

(On trouvera ce document dans le *Temps* du 25 mars 1915.)

LIX. — 16 août 1914. — Matériel expédié de Lille sur d'autres places.

1-. Toutes les sections de mitrailleuses au nombre de 45 avec leurs approvisionnements de cartouches.

(Destinations Maubeuge-Vincennes-Versailles.)

Le 7 août, évacué sur Maubeuge, 20 canons de 90 équipés et 6.000 coups.

Le 8 août, évacué sur Maubeuge, 4 canons de 90 équipés avec 3.000 coups et 4 canons de 120 L (sans munitions.)

Le 9 août, évacué sur Maubeuge, 9.000 coups de 90.

Le 13 août, évacué sur Maubeuge, 30 canons de 90 équipés S. P. et 4.000 coups.

Le 14 août, évacué sur Hirson, 10 canons de 80 équipés et 2.850 coups plus 5 canons de 95 S. P. (sans munitions.)

Le 16 août, évacué sur Versailles, 2.430 obus de 95 chargés en explosifs.

Le 16 août, évacué sur Vincennes, 15.600 obus ordinaires de 120 chargés en explosifs, c'est-à-dire *TOUS LES OBUS DE LA PLACE DE 120 CHARGES EN EXPLOSIFS*, et 3.450 obus de 95 chargés en explosifs.

LX. — Etat des outils, matériaux, fils de fer, etc., pouvant être employés aux travaux de l'enceinte de la place et des forts.

Brouettes	50
Crics	10
Dames en bois	350
Haches	1.515
Louchets	570
Marteaux	7
Masses en fer	160
Pelles	12.625
Pics à tête	608
Pioches	11.900
Scies de charpentier	13
Scies passe-partout	163
Serpes	2.670
Fils de fer	Kil. 146.900
Ronces artificielles	— 68.800
Sacs à terre	42.000

LXI. — 19 avril 1914. — Mesures proposées par le service du génie pour la remise en état de la fortification.

1° *Portes.*

Entre la porte de Dunkerque et celle de Louis XIV, il n'existe aucun dispositif de fermeture des portes, lesquelles sont composées de quatre passages dont les deux du milieu sont destinés aux voies charretières et les deux extrêmes aux piétons.

Entre la porte Louis XIV et celle de Dunkerque, les portes de Tournai, Roubaix, Gand et Ypres n'ont que 3 passages dont un pour piétons.

Ce passage pour piétons possède, à la porte de Roubaix, une porte en fer, et à la porte de Gand, une porte en charpente, fonctionnant bien toutes deux.

Il convient de remarquer qu'entre les portes de Tournai et de Roubaix et entre celles de Roubaix et de Gand, il a été exécuté deux trouées dans les fortifications pour les passages respectifs d'une ligne de tramways et du boulevard de Roubaix; une trouée a été faite également dans les remparts de l'ouvrage 207 en avant de la porte de Dunkerque.

Dans le but de rétablir la continuité de l'obstacle, on pourrait avoir recours à des moyens de fortune, tels que palissades, sacs de terre, traverses et rails de chemin de fer. voitures chargées, etc...

2° *Pont-levis.*

Entre la porte de Dunkerque et celle de Louis XIV, les passages destinés aux voies charretières sont munis de ponts-levis, avec tout le dispositif nécessaire à leur fonctionnement; mais ils sont tous inutilisables, par suite de l'installation de la ligne de tramways sur leur tablier.

Les portes destinées au passage des piétons sont fixées, et aucun dispositif n'est prévu pour les obstruer.

Entre la porte Louis XIV et celle de Dunkerque, les ponts-levis sont également fixés, soit par la suppression des appareils, soit par l'obstruction complète des chambres de manœuvres. Pour les remettre en état de fonctionner, des travaux très importants seraient nécessaires.

3° *Créneaux.*

A la porte de Dunkerque, quelques constructions légères, servant de cages à lapins, poulaillers, dépôts divers de matières, sont édifiés à droite et à gauche de la porte; ils empêchent l'accès des créneaux et de ce fait ceux-ci, au nombre de 70 environ, sont inutilisables.

Il existe également des constructions de ce genre aux portes de Tournai, Roubaix, Gand et Ypres.

Les abords des autres portes sont complètement dégagés et les créneaux qui se trouvent à droite et à gauche sont en bon état; mais, il y aurait lieu de faire sortir le matériel qui se trouve dans les galeries d'escarpe immédiatement voisines des portes.

Dans les fossés de la fortification, en avant des portes de Roubaix, de Gand et d'Ypres, il existe des petites baraques construites par l'Œuvre lilloise des jardins ouvriers sur le terre-plein de la demi-lune 108. En avant de la porte d'Ypres, un hangar a été construit par la société aérostatique du Nord; ce hangar sert à remiser le matériel de la société.

4° *Parapets, glacis, etc...*

Il existe, tant sur les parapets de la fortification que sur les glacis et les abords immédiats du terrain militaire, des broussailles, dépôts d'immondices, palissades, haies vives, buissons, monticules, de terre, excavations, etc., dont la disparition nécessiterait des travaux importants. Aussi convient-il de se borner à défendre l'entrée des portes et trouées, en remettant en état les talus intérieurs des demi-lunes, ceux des parapets de la courtine et flanc du bastion, sur une longueur de 100 mètres environ, à droite et à gauche de chaque porte, en installant les obstacles prévus au § I, et en faisant élaguer ou abattre, s'il est nécessaire, les abris qui se trouvent dans les fossés et sur les glacis, dans la zone de tir ainsi réduite.

Il est à remarquer que les travaux à prévoir pour la défense des portes sont sensiblement les mêmes pour chacune d'elles. Ces travaux exigeraient, par porte ou trouée, le nombre de travailleurs, outils et matériaux indiqués ci-après.

TRAVAILLEURS

Remettre en état les talus intérieurs, 20 hommes pendant un jour, soit...... 20

Élaguer et abattre les arbres, 20 hommes pendant 2 jours, soit.......... 40

Nettoyer et enlever les matériaux dans les galeries d'escarpe, 20 hommes pendant un jour, soit 20

Rendre à pied d'œuvre les matériaux nécessaires pour la construction des barricades, 20 hommes pendant un jour, soit 20

Total des journées par porte ou trouée : 100
et pour 16 portes ou trouées : 1.600

Totaux des journées à reporter : 1.600

Quant aux trouées pratiquées pour le passage de la ligne du chemin de fer du Nord, de l'entrée des eaux à la porte de Dunkerque, et de la sortie des eaux au petit paradis, il existe des grilles remisées à pied d'œuvre que les services intéressés doivent mettre en place au moment de la mobilisation ; il n'y a donc lieu, pour ces trouées, de prévoir que les travaux de talutage et d'élevage, soit pour les 3 trouées, 60 journées $\times$ 3   180

Soit environ un total de :   1.800

Pour la citadelle, la fermeture de l'entrée principale est assurée par un pont-levis fonctionnant bien et par une porte en bois de 0 m. 25 d'épaisseur sans créneaux, et celle de la sortie ou porte de secours par deux portes en bois sous le parapet et par un pont-levis fonctionnant parfaitement sur le fossé extérieur.

OUTILS

Les outils nécessaires pour occuper une corvée de 20 hommes sont les suivantes : 20 pelles, 10 serpes, 5 haches, 1 faulx, 5 paires de griffes de bûcheron ou échelles.

Nota. — A l'exception des faulx, griffes ou échelles, ces outils existent en quantité suffisante en magasin.

LXII. — 19 août 1914. — Ordres donnés pour l'armement des forts et des ouvrages de Lille.

Armer uniquement les forts et les ouvrages intermédiaires. Ne pas construire de batteries de mobilisation et ne pas prévoir de batterie de sortie.

1er SECTEUR

Ouvrage de Noyelles
(1/2 compagnie)..........   6 canons de 90

Ouvrage d'Houplin
(1 compagnie) ....   6 canons de 90

Fort de Seclin. ....   4 canons de 120
                                  8 canons de 90

Ouvrage de Vendeville
(1/2 compagnie) ....   6 canons de 90

Ouvrage d'Enchemont
(1 compagnie) ....   6 canons de 90

Fort de Sainghin...........   4 canons de 120
                                  8 canons de 90

2e SECTEUR

Fort du camp Français.....   4 canons de 120
                                  4 canons de 90

Ouvrage de la Croix-de-Val-
lers (1 compagnie). ......   6 canons de 90

Ouvrage de la Jonchère
(1/2 compagnie) ....   6 canons de 90

Ouvrage de Marchenelles
(1 compagnie) ....   4 canons de 120
                                  6 canons de 90

Ouvrage de Babylone
(1/2 compagnie) ....   6 canons de 90

Fort de Mons. ....   4 canons de 120
                                  8 canons de 90

Ouvrage de Haut-Vinage
(1 compagnie) ....   10 canons de 90

Ouvrage de l'Entrepôt......   6 canons de 90
Fort de Bondues..........

                                2 canons de 155
                               12 canons de 120

Ouvrage de Wambrechies
    (1/2 compagnie)........   6 canons de 90

3ᵉ SECTEUR

Fort de Vert-Galant, Carnot.   3 canons de 120
Ouvrage de Lompret (1 com-
    pagnie)................   6 canons de 90
Fort de Prémesques........

                                3 canons de 120
                                6 canons de 90

Fort d'Englos............

                                4 canons de 95
                                8 canons de 90

Ouvrage d'Haubourdin
    (1 compagnie)..........   6 canons de 90

LXIII. — 19 août 1914. — Ordre d'opérations du général d'Amade.

I. — En vue de mettre nos communications ferrées et fluviales à l'abri des incursions possibles des coureurs ennemis et des détachements de cavalerie ennemie, un barrage sera établi de *Dunkerque à Maubeuge.*

II. — Le front sera divisé en trois secteurs. Chaque secteur comportera deux lignes de barrages successives :

I. — Une ligne principale. Cette ligne devra être établie le plus tôt possible et son franchissement par l'ennemi sera interdit d'une façon absolue et en tout état de cause.

II. — Une ligne avancée.

Dans chaque secteur les groupes d'artillerie devront être maintenus en arrière du barrage principal (barrage arrière).

III. — *a)* Secteur de droite, secteur N° 1. 84° division, quartier général à Cambrai.

Entre la *Sambre* de *Maubeuge à Landrecies* et la *Scarpe* de son confluent avec l'Escaut à *Douai*.

Ligne principale. — Lisière nord de la forêt de *Bois-l'Evêque*, la droite appuyée au canal de la Sambre, *Solesmes, Saint-Aubert, Villers-en-Cauchies, Etrun*, puis le canal de la *Sensée* jusqu'à la Scarpe en amont de Douai.

Barrage avancé. — De Maubeuge à *Mecquignies, Wargnies-le-Grand, Valenciennes, Condé-sur-l'Escaut* jusqu'au confluent de la Scarpe.

b) Secteur du centre. — Secteur N° 2, 82° division, quartier général Arras.

Entre la Scarpe de son confluent avec l'Escaut jusqu'à Douai et le cours de la Lys, de Warneton inclus à Aire-sur-la-Lys.

Ligne principale. — Canal de la Haute-Deule de Douai à *Bauvin*, canal de la *Bassée*, de Bauvin à Béthune, *canal d'Aire, de Béthune à Aire-sur-la-Lys.*

Barrage avancé. — Du confluent de l'Escaut et de la Scarpe à Tournai; de Tournai à la place de Lille. De *Lille* à la Lys par *Quesnoy-sur-Deule et Deulemont.*

c) Secteur de gauche, N° 3, 81° division, quartier général à *Saint-Omer*.

Ligne principale. — Canal de *Neuf-fossé d'Aire* à *Saint-Omer*. Canal de l'*Aa* de *Saint-Omer* à la mer.

Barrage avancé. — De *Warneton* par *Messines*, *Remel, Locre, Godeᵒaersvelde, Cassel, Hardifort, Wylder, Vifweg, Nagghe, Meulen, Bergues, Dunkerque.*

IV. — Dans la limite de leur zone d'action, les places fortes coopéreront à l'établissement des deux lignes de barrage.

Les gouverneurs s'entendront avec les commandants de divisions, notamment en ce qui concerne la détermination exacte des points de liaison entre les éléments dépendant des places fortes et ceux des divisions.

V. — Aucune destruction ne devra être opérée sur les routes ni sur les différents points de passage des cours d'eau.

Les routes devront au contraire être maintenues praticables pour les différents moyens de transport et spécialement pour les automobiles.

Des barricades sérieuses seront toutefois élevées sur toutes les routes et chemins dans la zone indiquée pour les deux barrages prescrits. Un passage permettant la circulation des voitures les plus larges sera ménagé dans ces barricades. Ce passage sera fermé simplement au moyen de dispositifs mobiles tels que voitures, palissades repliables, poutres tournantes, etc.

LXIV. — **21 août 1914.** — **Ordre d'opérations du général Percin.**

1° Des patrouilles de cavalerie ennemies sont signalées à l'ouest de *Bruxelles* dans les directions de *Tournai* et de *Courtrai*.

2° Les 81ᵉ et 82ᵉ divisions ont pour mission d'établir un barrage le long de la frontière. La

82° au sud-ouest de Lille. La 81° au nord-ouest de *Lille* jusqu'au delà de *Warneton*.

Ces divisions seront à pied d'œuvre le 23 août au matin.

3° En attendant leur arrivée, les troupes des dépôts de Lille défendront la ligne générale *Quesnoy-sur-Deule, Bondues, Wasquehal, Forest, Bouvines.*

4° Cette ligne est divisée en deux secteurs :

a) Secteur N.-O. de *Quesnoy-sur-Deule* à la voie ferrée *Lille-Courtrai exclus.*

43° régiment d'infanterie,

16° bataillon de chasseurs,

1 escadron du 6° chass eurs.

sous le commandement du chef de bataillon Hinaux, du 43°.

b) Secteur S.-E. de la voie ferrée Lille-Courtrai inclus à Bouvines exclus:

165° régiment,

9° bataillon de chasseurs,

1 escadron du 6° chasseurs.

sous le commandement du chef de bataillon Barthelemy.

Une ligne de surveillance sera établie aux lisières nord et est de *Tourcoing* et de *Roubaix* tenant les routes et résistant sur place contre toute incursion ennemie.

5° Les deux commandants de secteur exerceront leur commandement dès la réception de cet ordre.

Il importe que la ligne de résistance soit occupée le plus tôt possible.

Liaisons. — Dès leur installation, les deux commandants de secteur enverront au Q. G. un agent de liaison pourvu d'une automobile.

6° Le service du centre mettra à la disposition des commandants de secteur les dépôts d'outils des forts, savoir :

Secteur N.-O. au fort de *Bondues*,

Secteur S.-E. au fort de *Mons-en-Barœul*.

7° Le directeur de l'Intendance prendra ses dispositions pour assurer le ravitaillement des troupes. Il demandera pour ce service les camions automobiles nécessaires.

LXV. — 23 août 1914. — Communications officieuses faites au général Percin, par le capitaine de Diesbach, commissaire militaire à la gare de Lille.

Le ministre de France à la Haye est passé en gare cette nuit, venant de la Haye, par train spécial, pour Paris, où il est chargé d'une mission importante près du gouvernement. Il m'a dit, et m'a autorisé à le répéter au quartier général, que la panique était telle à Bruxelles qu'il n'a pu causer ni avec notre ministre de France, ni avec notre attaché militaire. Il paraîtrait que les troupes belges auraient essuyé un échec à Diest et que les Allemands se dirigent sur Bruxelles avec 600.000 *hommes!* que des travaux de défense commençaient autour de Bruxelles, qui serait défendu, mais que l'émoi y était grand, par suite de la fuite des habitants entrés à Bruxelles et venant avec leurs bagages, de la direction de Diest.

Du reste, on me remet à l'instant un numéro de l'« *Echo du Nord* », *qui parle déjà de cet événement.* J'ai cru bien faire de vous en avertir aussitôt, car cette nouvelle va jeter l'émoi dans la population lilloise.

De tout ce qui précède, je n'ai rien dit à personne.

Tout le corps diplomatique est à Anvers, parti très rapidement. Seuls les ministres d'Autriche et d'Espagne y sont restés; l'attaché militaire de France serait à Louvain.

LXVI. — 24 août 1914. — Renseignements fournis par le commandant Garbonel de l'Artillerie de la Garde civique de Tournai, le 24 août 1914, à 10 heures et demie.

A quitté la ville de **Namur** le 23 août avec un effectif de 100 hommes en armes et 4 officiers, a déclaré que Namur était assiégé par les Allemands, qui ont dû s'emparer de la ville le 23 août au matin, mais les forts n'étaient pas pris.

S'est dirigé sur Philippeville, où il est arrivé après une marche à pied de 90 kilomètres, s'est dirigé ensuite sur Anor, où il a pris le chemin de fer pour Anor, Avesnes, Valenciennes et Lille où il est arrivé le 24 août à 10 heures.

LXVII. — 24 avril 1914. — Etat des prises faites à l'ennemi le 23 août 1914 à 8 heures et demie, par la 10ᵉ compagnie, 3ᵉ bataillon, du 21ᵉ régiment territorial d'infanterie.

5 Lances avec flammes.
9 Carabines.
6 Casques à pointes.
9 Sabres.
8 Ceinturons remplis de cartouches.
1 Paquet fait avec un casque plein de cartouches.

5 Harnachements.

6 Chevaux, dont un blessé.

10 Selles et objets divers, couvertures, sacs, capotes.

LXVIII.. — 6 septembre 1914. — Extraits du rapport du général Herment au général d'Amade.

J'ai l'honneur de vous adresser un rapport sommaire, sur les événements qui se sont déroulés à Lille, depuis le 21 août, date à laquelle j'ai été chargé d'assurer la défense de cette place, jusqu'au jour où j'ai été invité à la considérer comme ville ouverte, à remettre le commandement des troupes à M. le général Tournier et à faire évacuer ou détruire le matériel de l'artillerie et du génie.

. . . .

(Pour la composition des troupes, voir le texte, pages 23 et suivantes.)

. . . .

DISPOSITIONS PRISES POUR L'ARTILLERIE

La place disposait, le 22 août, de :

2	canons de 155 sous tourelle
112	canons de 120
42	canons de 95
120	canons de 90
14	mortiers de 27
28	canons de 12 culasses
22	canons revolvers

Total..   340 bouches à feu.

L'armement ci-dessus indiqué pour les forts

étant mis en place, il restait pour armer les batteries à construire dans les intervalles :

62 canons de 120, soit 15 batteries à 4 pièces.
28 canons de 95, soit 7 batteries.
16 canons de 90 à employer sur l'enceinte.

L'approvisionnement en munitions s'élevait à :
500 coups par pièce de 155.
200 coups par pièce de 120.
254 coups par pièce de 95.
296 coups par pièce de 90.
150 coups par pièce de 12.

Cet approvisionnement était un peu faible. Il était, en effet, fort au-dessous des fixations indiquées par l'instruction sur l'établissement des états d'armement. Il aurait dû être de 400 coups par pièce, car Lille était considérée comme place de seconde ligne, et aucune loi n'était intervenue pour la faire déclasser.

La poudre était en quantité suffisante. Malheureusement, les gargousses devaient être confectionnées en poudre noire, ce qui rendait illusoire les tentatives faites pour masquer les batteries de la défense.

Des planchettes de tir existaient pour toutes les pièces des forts et pour les batteries à construire. Il n'y avait donc qu'à appliquer une organisation préparée depuis longtemps.

L'approvisionnement en cartouches modèle 1886 était faible; mais, par télégramme du 24 août, le ministre avait annoncé l'envoi de 3 millions de cartouches d'infanterie et de 9.000 coups de 75.

Je comptais d'ailleurs faire venir de Douai 2.500 coups de 75, qui étaient restés à l'école d'artillerie et qui provenaient en grande partie de cartouches non tirées pendant les écoles à feu.

OPÉRATIONS

Dans la journée du 22 août, les abords de la place furent tranquilles.

Dans la matinée du dimanche 23, on aperçut des reconnaissances de cavalerie allemande. Plusieurs engagements eurent lieu, entre ces reconnaissances et les escadrons du 6° régiment de chasseurs. Au cours de ces engagements, auxquels prirent part les avant-postes d'infanterie placés au nord de Tourcoing et à l'est dé Roubaix, on fit une quinzaine de prisonniers. Quelques cavaliers ennemis furent tués ou blessés. Il n'y eut aucune perte parmi les défénseurs de la place.

Le carnet d'un officier fait prisonnier nous fit connaître que les reconnaissances étaient faites par le 17° régiment de dragons poméraniens.

. . . .

Lors de votre venue au quartier général à Lille, le 23 août à 16 heures, vous m'avez fait connaître vos intentions au sujet de la reprise de Tournai et vous m'avez demandé de faire appuyer la colonne d'attaque par un escadron de cuirassiers envoyé à Baisieux.

Pour cette opération, je désignai l'escadron du capitaine d'Esclaibes, qui reçut l'ordre de se trouver à Baisieux, le 24, à 4 heures du matin, et de se mettre en relations avec le général chargé de l'attaque.

Afin de faciliter sa tâche, je prescrivis à M. le général Tournier de se porter, à 6 heures du matin, vers Willem et Blandin, avec les 5 compagnies qui se trouvaient en réserve à Lannoy, 3 compagnies que je lui envoyai de la réserve générale, une batterie de 75 et l'escadron du 6° chasseurs.

Cette colonne avait pour mission de reconnaître les forces adverses qui pouvaient se trouver dans la région, et d'empêcher que les troupes chargées de s'emparer de Tournai fussent attaquées de flanc.

La colonne Tournier rentra sans avoir rencontré l'ennemi. Le 24 août, de 10 heures à 12 h. 30, je parcourus les avant-postes, depuis le fort de Bondues jusqu'au nord de Tourcoing; tout y était tranquille.

A peine étais-je rentré au quartier général que le commandant Plichon m'apporta la dépêche suivante: « Copie d'une dépêche expédiée de Fretin, « à l'instant même, adressée urgence Lille.

« Extrême urgence. Docteur Orgelin, 84ᵉ terri-« torial, nous prévient que le 1ᵉʳ et 2ᵉ bataillons « surpris par l'artillerie allemande près de Tour-« nai. Nous replions sur Bouvines. »

Le fort de Sainghin ayant de très belles vues sur le plateau de Bouvines, les ouvrages de la Jonchère et de Croix-de-Wallers étant aussi en mesure d'agir, je fis donner aux commandants de ces ouvrages l'ordre de se tenir prêts à ouvrir le feu avec leurs canons et de soutenir l'infanterie en retraite.

Cet ordre était à peine expédié que je reçus un message téléphonique me disant que les bataillons d'infanterie territoriale avaient été très éprouvés et reculaient en désordre.

Je partis alors pour Sainghin, avec le commandant d'artillerie Morelle, que M. le général Percin avait mis à ma disposition. J'avais l'intention de diriger moi-même le tir du fort, me doutant un peu de l'inexpérience du personnel qui venait d'y être envoyé.

A mon arrivée au village de Sainghin, je trouvai une trentaine d'hommes du 84ᵉ territorial, recueillis par le poste du fort qui avait barricadé la route. Le commandant de ce poste avait remis ces hommes en main et les disposait pour l'aider à la défense de la barricade. Au fort de Sainghin, je trouvai 150 hommes des 83ᵉ et 84ᵉ, un capitaine et un lieutenant du 83ᵉ.

Les hommes du 83ᵉ avaient battu en retraite en bon ordre, avec leurs officiers. Ceux du 84ᵉ paraissaient très déprimés et très fatigués.

D'après les explications du capitaine, les bataillons territoriaux avaient été surpris, en formations profondes, par le feu de mitrailleuses allemandes. Ils n'avaient pu voir d'où partaient les coups et ils s'étaient débandés dans toutes les directions.

. . . .

(Voir, dans le texte, pages 27 et suivantes, les ordres relatifs à l'évacuation.)

. . . .

Les archives de l'état-major du 1ᵉʳ corps d'armée ayant été chargées sur un camion automobile, je quittai Lille vers 21 h. 30 et je me dirigeai sur Arras.

Le parc d'artillerie de Lille parvint à évacuer 1.800 fusils modèle 1886 et 240 tonneaux de mélinite et de crésylite. On put évacuer, en outre, un wagon contenant des obus et des armements de 90, des pelles, des pioches et du matériel de forge. Ce wagon, dirigé sur Louviers, fut expédié au parc d'artillerie du Havre.

On évacua également un train contenant 3.000 cartouches de 75 et 300.000 cartouches modèle 1886.

Arrivé à Arras, vers 1 heure du matin, je me dirigeai aussitôt sur Douai, afin de donner des ordres pour l'évacuation de cette place, en exécution du télégramme N° 2 qui me prescrivait de fixer un ordre d'urgence.

Tout le personnel étant parti, je me retirai sur Arras, à 5 heures du matin.

Douai ayant été réoccupé, vous m'avez donné l'ordre :

1° de me rendre dans cette place, pour faire évacuer la plus grande quantité possible de matériel ;

2° de partir ensuite pour Lille, où je trouverais le préfet et où deux bataillons d'infanterie de l'armée territoriale seraient envoyés pour maintenir l'ordre.

Je devais faire évacuer aussi de cette place la plus grande quantité possible de matériel, mais n'opposer à l'ennemi aucune résistance.

Accompagné de quelques officiers, je me rendis à Douai où je réglai les évacuations.

Le matériel suivant fut évacué en plusieurs trains :

    138 Voitures.
    160 Caisses à poudre.
 18.083 Armes portatives.
 13.100 Obus.
1.600.000 Cartouches.

A 17 heures, les évacuations furent interrompues, la compagnie des chemins de fer ayant requis les wagons vides pour le transport des troupes.

Je partis alors pour Lille. Mais, en arrivant à Seclin, je fus prévenu que des cavaliers allemands étaient venus dans la ville. Cette nouvelle m'ayant été confirmée par le brigadier de gendarmerie de Seclin, j'essayai de me mettre en rapport avec Lille. J'obtins la communication avec la Préfecture. Le préfet me confirma la nouvelle. Il me dit que, d'accord avec le ministre de l'Intérieur, il se retirait sur Dunkerque, et que les deux bataillons territoriaux annoncés n'étaient pas arrivés.

Il était 20 heures. Dans ces conditions, je jugeai inutile de pousser jusqu'à Lille et je vous adressai un message téléphonique disant que je me retirais sur Douai, où j'attendrais vos ordres.

DOCUMENTS RELATIFS
A L'ENQUETE DU GENERAL PAU

LXIX. — 21 septembre 1914. — 1re déposition, verbale du général Percin.

D. — M. le général Percin est prié de relater ce qu'il sait concernant l'évacuation de Lille et les faits qui ont précédé?

R. — J'ai été appelé à Lille, comme commandant de la 1re région; j'y suis arrivé le 3 août et j'ai pris mon commandement le 5 août.

Dans mon esprit, Lille était une place de guerre, ayant un gouverneur. Aussi le 3 août, je fus très étonné d'apprendre que le gouverneur allait être envoyé à un autre poste, et que son état-major venait d'être dissous.

Bien qu'une loi fût nécessaire pour déclasser une place, Lille se trouvait, en fait, déclassée; une preuve de plus fut l'envoi, les jours suivants, d'une partie de ses pièces et de son matériel, à d'autres places telles que Maubeuge et Vincennes.

Le 18 août, on apprit à Lille l'approche des Allemands. Le général d'Amade reçut alors le commandement d'une armée de 3, puis de 4 divisions territoriales, pour s'y opposer; un officier de son état-major qui vint me voir, le 19 août, me dit que le général d'Amade comptait sur l'appui de la place de Lille.

Le 20 août, je me rendis à Arras, pour mettre le général d'Amade au courant de la situation de la place (envoi récent de pièces, de gargousses, de toutes les mitrailleuses, à différentes places; les pièces restantes, en magasin, et non sur les remparts; pas un canonnier pour les servir, aucune gargousse confectionnée). Je lui parlai du général Herment, et je lui dis : « Si quelqu'un peut parer aux difficultés de la situation, c'est le général Herment, qui est un homme universel. » Je lui proposai d'aller voir le général Herment.

Je pus ainsi rendre compte au général d'Amade que le général Herment était prêt à venir à Lille avec trois batteries de 75 approvisionnées, 1.000 hommes tirés des dépôts d'artillerie et un escadron de cuirassiers.

Le général d'Amade prescrivit au général Herment de venir à Lille avec ce personnel; il prit de plus l'initiative d'appeler à Lille 9.000 hommes d'infanterie tirés des divers dépôts de la 1re région.

Le 22 août, on organisa les unités, on répartit les troupes, on commença la mise en batterie des pièces et la confection des munitions; chaque pièce fut immédiatement dotée de 10 coups de sûreté.

Le 23 au soir, la place était en état de faire une défense honorable. Les 22 et 23, notre cavalerie eut déjà quelques rencontres avec les patrouilles allemandes, et fit quelques prisonniers.

Le 23, M. le général d'Amade vint me voir : « M. Messimy, me dit-il, serait très désireux de vous voir prendre l'inspection de l'instruction des nouvelles formations d'artillerie; c'est un organisme qui ne fonctionne pas bien, et il faut une direction. » Je répondis que j'acceptais.

Le lendemain 24, vers 8 heures du matin, je recevais confirmation de ma nouvelle désignation, avec ordre de passer mon commandement au général Herment.

A 4 heures du soir, arrive du général d'Amade. au général Herment, l'ordre suivant : « Les services et la garnison évacueront immédiatement Lille, considérée comme ville ouverte. » J'ai fortuitement connaissance de cet ordre.

Mon rôle à Lille était terminé, je quitte la ville le soir et je vais coucher à Saint-Pol; le 25 au matin, j'y vois arriver des chasseurs venant de Lille; ceux-ci de dire en me reconnaissant, ainsi qu'il me l'est immédiatement rapporté: « Mais, c'est le général Percin? le bruit courait qu'il était destitué et fusillé... »

Le 25 au matin, je quitte Saint-Pol pour Amiens, puis Paris; j'arrive à la gare du Nord, ma voiture est entourée, arrêtée par une foule hostile, qui m'outrage; je me rends au ministère et je cherche vainement à voir le ministre.

Je prends dès lors mes fonctions d'inspecteur des formations d'artillerie de réserve.

Trois jours après, je suis relevé de ces fonctions, et je rentre à Paris (2 septembre).

LXX. — 21 septembre 1914. — 2ᵉ déposition, verbale, du général Percin.

1. — D. — A quelle date le général Percin a-t-il pris le commandement de la 1ʳᵉ région? Teneur de la lettre de service.

R. — Je suis arrivé à Lille le 3 août et j'ai pris le commandement de la région le 5 août, au départ du général Franchet d'Espérey. Ma lettre de service ne renfermait aucune prescription particulière.

2. — D. — Le général Percin a-t-il reçu des prescriptions particulières relatives à la place de Lille, et, en particulier, précisant si Lille devait être considérée comme ville ouverte ou place forte appelée à jouer un rôle dans les opérations?

Il semble qu'au début de la mobilisation des ordres aient été donnés par l'autorité supérieure pour le désarmement partiel ou total de la place, en vue de disposer du matériel et des approvisionnements en faveur d'autres places, telles que Maubeuge, etc. (Teneur et dates de ces ordres, et renseignements sur leur exécution partielle ou totale.)

Comment le général Percin a-t-il compris l'exercice de son autorité sur la place de Lille (désarmement ou mise en état de défense)?

R. — A mon ordre de service, n'était jointe aucune instruction particulière concernant la place de Lille. Le seul document que je trouvai en prenant possession de mon commandement était une note secrète sur le rôle d'une division territoriale, appelée à s'opposer au débarquement éventuel des troupes sur le littoral (1).

Antérieurement, dans mon esprit, Lille était une place de guerre, ayant un gouverneur désigné. Je fus mis au courant, à mon arrivée, par le chef de la section territoriale de l'état-major, de la situation anormale de la place. Je ne fus pas peu étonné d'apprendre que le gouverneur recevrait une autre affectation, et que son état-major venait d'être dis-

---

(1) Cette note, dont la rédaction datait de quinze ans auparavant, visait le débarquement de troupes anglaises. La division territoriale était déployée face à l'Ouest. Je la fis orienter face au Nord. — Général Percin.

sous, des ordres ministériels ayant donné à chacun des officiers une nouvelle destination. La place se trouvait donc, de fait, déclassée.

De plus, en ce qui concerne son matériel, des ordres d'envoi de ce matériel hors de la place parvinrent à plusieurs reprises pendant les jours qui suivirent ma prise de commandement; ces ordres étaient adressés directement au service de l'artillerie, mais il m'était rendu compte par ce service de leur exécution.

3. — D. — Au cours de la première période, et à partir du moment où le mouvement offensif allemand s'est dessiné en Belgique et en Luxembourg, le général Percin a-t-il envisagé la nécessité probable de l'évacuation du matériel de la place et des dépôts sur l'intérieur? A-t-il provoqué à cet égard des ordres de l'autorité supérieure? A-t-il fait procéder par les services intéressés, de concert avec les autorités civiles et le service des chemins de fer, aux études nécessaires pour cette opération délicate? Instructions données par lui à cet effet. Résultats de cette étude (quantité de matériel à évacuer, personnel et moyens de transport, temps nécessaire, mesures de protection)? Dans le cas contraire, le général Percin a-t-il fait le nécessaire pour préparer la défense de Lille, ou a-t-il provoqué à cet égard des instructions de l'autorité supérieure pour mettre fin à son incertitude?

R. — Je ne me suis pas préoccupé de l'évacuation éventuelle du matériel, parce que tous les jours arrivaient des ordres d'expédition à Maubeuge, Vincennes, etc., qui me prouvaient qu'on était au courant de la situation et que l'on faisait état de ce matériel; dans ces conditions, l'idée ne m'est pas venue de signaler la situation au gouvernement.

Ma pensée, en apprenant le mouvement des Allemands, a été qu'il ne fallait pas évacuer le matériel restant à Lille, estimant qu'il permettrait de faire une défense très honorable; j'ai communiqué cette façon de voir, le 22 août, à M. le maire de Lille.

Dès mon arrivée, vers le 6 août, dans un entretien avec le colonel Gengembre, directeur du génie, je lui avais prescrit d'étudier ce qu'il y avait à faire pour utiliser la place, comme point d'appui des troupes de campagne; cet officier supérieur me remit, à ce sujet, vers le 20, un rapport très long, très étudié, que j'ai adressé depuis au général d'Amade.

Si je ne me suis pas préoccupé de l'évacuation éventuelle, c'est que ma pensée est restée constamment dominée par cette idée, qu'il fallait user de l'armement restant et des ouvrages pour la défense de la région et l'appui des troupes d'opérations. Je considérais l'évacuation comme une *monstruosité*.

M. Vandamme, député, est venu me dire : « Vous prenez une grave responsabilité. Les Lillois ne savent pas que Lille est déclassée; si Lille est abandonnée, vous serez honni par la population. Vous devriez demander à être relevé de votre commandement, si on ne vous tire pas de cette situation fausse. »

Quand je vis le général d'Amade, je lui dis : « C'est bien entendu; si l'ennemi arrive, on se défendra sur les forts, sur l'enceinte, dans la rue. » Le général d'Amade approuva formellement. J'en avisai le maire de Lille, lui disant que ce serait une honte d'abandonner la place sans coup férir.

4. — D. — A quelle date s'est produit le revi-

rement relatif à la remise en état de la place et à l'organisation de sa défense?

A qui doit être attribuée l'initiative de cette mesure, et, en particulier, a-t-elle été provoquée par M. le général Percin? Teneur des ordres ou instructions adressés à cet effet à M. le général Percin; désignation des troupes de défense; mesures d'exécution prises par cet officier général?

R. — Le revirement relatif à la réorganisation de la place est du 21 août.

Dans ma visite du 20 août, à Arras, à M. le général d'Amade, je lui ai signalé le parti qui pouvait être tiré de la place de Lille et je lui ai indiqué M. le général Herment, comme tout qualifié par ses capacités, pour prendre la direction de la défense. M. le général d'Amade a donné son approbation à mes propositions.

Pour former une garnison de la défense reconstituée, j'ai été amené à faire des prélèvements sur les troupes des dépôts de la place de Lille, pour en constituer des bataillons de marche. J'avais réfléchi à la situation de ces dépôts, destinés à alimenter les troupes du 1ᵉʳ corps d'armée. J'ai proposé à M. le général d'Amade de prendre la moitié de ces dépôts, pour la formation des bataillons de marche. M. le général d'Amade m'a donné son approbation. C'est à l'initiative de cet officier général qu'est dû l'appel à Lille d'autres troupes d'infanterie provenant des divers dépôts de la 1ʳᵉ région.

En ce qui concerne la constitution, dans la place, d'approvisionnements de vivres, le général Herment a eu un entretien avec M. le préfet du Nord, qui lui a dit qu'il prenait l'affaire à son compte.

5. — D. — Quelle a été la nature des relations de service ayant existé, à partir de la prise de

commandement par M. le général Herment de la défense de Lille, entre cet officier général et M. le général Percin?

Le général Percin a-t-il continué à exercer un contrôle ou une direction sur les opérations de remise en valeur de la place, l'organisation des troupes de la défense du camp retranché et la désignation des chefs de ces troupes?

R. — Je n'ai jamais cessé d'exercer une action de direction et de contrôle sur la place et sur les opérations de son organisation; le bureau de M. le général Herment était voisin du mien. De plus, dans les matinées des 21 et 22, j'ai fait deux tournées d'inspection, en automobile, sur le périmètre de la place, la première jusqu'en Belgique, afin de me rendre compte de l'organisation de la place, comme aussi de l'état moral des troupes.

La question de la dualité des fonctions qui appartenaient à M. le général Herment, depuis sa désignation comme commandant de la défense, n'avait pas été perdue de vue : mais M. le général Herment avait dit qu'il n'en résultait pas pour lui des difficultés insurmontables et que son chef d'état-major, à Douai, très entendu, pouvait l'y suppléer.

6. — D. — Le 24 août, arrive à Lille, l'ordre d'évacuer le matériel de la place et les dépôts.

Quelle était, à ce moment, la situation exacte du général Percin?

A quelle date a-t-il été relevé de son commandement territorial? (Teneur de cet ordre, date et heure de sa réception.)

D'autre part, il résulte de la déposition du général Tournier, que, dans l'après-midi du 24, M. le général Percin, ayant terminé ses préparatifs de départ, aurait déclaré, dans la cour de l'hôtel du corps d'armée, au général Tournier : « Je ne suis plus rien ici. Je pars. » M. le général Percin avait-il donc connaissance, dès le 23, de la mutation dont il était l'objet? A la date du 24, la nouvelle du relèvement de M. le général Percin était-elle ébruitée dans le public? Le général estime-t-il que son autorité morale en pût être diminuée?

R. — J'ai reçu le message téléphonique me relevant de mes fonctions le 24, vers 8 heures du matin. J'avais été prévenu de cette mesure dès le 23; M. le général d'Amade, étant venu me voir le 23, m'avait dit : « M. Messimy serait très désireux de vous voir prendre l'inspection des nouvelles formations d'artillerie; rien n'y marche et il faut une direction. » J'avais répondu affirmativement.

La nouvelle de ma mutation a pu s'ébruiter dans le public; d'ailleurs, elle parut dans les journaux de Lille, le 24, à 15 heures, conformément à un communiqué adressé par mes soins. J'estime que cette nouvelle ne devait diminuer en rien mon autorité morale, ni causer d'alarmes dans le public.

Si, dans l'après-midi du 24, j'ai tenu à diverses personnes, et notamment au général Tournier, des propos analogues à ceux que rapporte cet officier général, c'est qu'en apprenant, vers 17 heures, qu'on avait l'ordre d'évacuer la place, j'en avais été surpris et affligé. Considérant ce que cette tâche aurait de douloureux pour ceux qui en seraient chargés, je ne pus me défendre d'un sentiment de satisfaction en songeant que l'ordre reçu le matin me faisait échapper à cette pénible mission.

7. — D. — Comment M. le général Percin a-t-il envisagé alors sa situation au point de vue de son action sur la place de Lille et sur la 1re région?

S'est-il considéré comme dégagé, à cet égard, de toute obligation?

N'a-t-il pas cru devoir attendre l'arrivée de son successeur pour effectuer le passage du service?

Tout au moins n'a-t-il pas cru devoir faire cette transmission entre les mains de l'officier général le plus ancien, comme intérimaire? Dans le cas de l'affirmative, à qui et comment a-t-il fait cette transmission (teneur des instructions transmises, points sur lesquels il a pu appeler l'attention de cet intérimaire, spécialement en ce qui concernait la place de Lille et l'éventualité des évacuations)?

R. — J'ai estimé qu'ayant une nouvelle affectation, et ayant un successeur intérimaire désigné par l'ordre, M. le général Herment, j'étais dispensé d'attendre mon successeur définitif. J'ai passé le service à M. le général Herment. Le message téléphonique me prescrivait d'ailleurs de me rendre immédiatement à Paris, pour y organiser mon service et prendre les ordres du ministre à ce sujet.

8. — D. — A ce moment, d'après les renseignements dont disposait M. le général Percin, quelle était la situation de la 1re région au point de vue des menaces de l'invasion ennemie (points atteints par les avant-gardes ou le gros de l'adversaire; situation matérielle et morale de la place au point de vue de la défense; situation de l'armée du général d'Amade)? Impression personnelle du général Percin sur la gravité de la situation. Conséquences qu'il a dû en tirer relativement à la conduite qu'il pensait devoir tenir personnellement et aux instructions qu'il aurait pensé devoir donner, jusqu'au moment où il aurait estimé être déchargé de son commandement?

R. — J'estime que les menaces de l'invasion ennemie n'étaient pas alors de nature à justifier l'abandon de la place. Sa situation matérielle était satisfaisante, et grâce aux mesures prises les 22 et 23 août, la place était, le 23 au soir, en état de faire une défense honorable. Sa situation morale était moins satisfaisante, et une anxiété assez vive régnait dans la population et parmi les autorités civiles.

Le 22 août, dans la matinée, le maire de Lille, le préfet du Nord et deux sénateurs de la région étaient venus me trouver. Le maire de Lille, ayant pris la parole, m'avait dit « que la population était patriote et supporterait de grand cœur les horreurs d'un siège, si la place était en état; mais que la place, dans les conditions où elle se trouvait, ne pourrait tenir, qu'il y aurait effusion de sang inutile, que la ville serait l'objet, sans résultat appréciable, d'une lourde contribution de guerre, etc... » Il y eut là une pression intense, contre laquelle je m'élevai vigoureusement. J'ai su, d'autre part, qu'une démarche de même nature avait été faite, à Arras, auprès de M. le général d'Amade, par un conseiller municipal de Lille, et M. le général d'Amade m'a dit avoir répondu à son interlocuteur « qu'il accomplirait sa mission, même au prix de l'effusion de sang dont il parlait ».

9. — D. — Comment le général Percin a-t-il eu connaissance de l'ordre d'évacuation de la place? Cet ordre a-t-il été adressé au général commandant la 1re région?

R. — L'ordre d'évacuation ne m'a pas été communiqué par l'état-major. J'ai été averti tardivement, le 24, vers 17 heures et fortuitement, par M. le général Herment; c'est ce dernier qui avait

reçu l'ordre, comme commandant intérimaire de
la 1re région.

10. — D. — M. le général Percin n'a-t-il pas
pensé que la haute intervention du commandant
de la 1re région eût été de nature à faciliter des
opérations qui exigeaient l'entente avec les autorités civiles et les divers services du territoire,
ainsi que celui des chemins de fer?

A-t-il été fait appel à cette intervention, soit par
le général Herment, soit par les services du territoire, soit par les autorités civiles, etc..., et dans
l'affirmative, quelles ont été les réponses faites
par le général Percin et les mesures prises par
lui?

R. — M. le général Herment était investi du
commandement provisoire de la 1re région; ma
mutation avait paru dans les journaux de Lille
du 24, à 15 heures; d'autre part, j'avais déjà
informé verbalement de ma nouvelle désignation,
M. le préfet du Nord, le 24, vers 11 heures.

Dans ces conditions, ni le général Herment, ni
les services, ni les autorités civiles, ne sont venues, après communication de l'ordre d'évacuation
de la place, prendre mes instructions. Les autorités et services se sont mis immédiatement à la
disposition du commandant intérimaire de la région, M. le général Herment.

11. — D. — A quelle date et à quelle heure le
général Percin a-t-il quitté Lille, et a-t-il notifié
la cessation de ses fonctions aux autorités diverses de la 1re région? Quelle direction a-t-il suivis?
Où s'est-il retiré?

Etait-il avisé de l'arrivée de son successeur?
A quelle date? En quel point?

R. — J'ai quitté Lille le 24, à 21 heures, pour

Saint-Pol, par Béthune; j'ai fait ce voyage en automobile, au moyen des trois voitures automobiles de l'état-major que celui-ci avait laissées, en évacuant Lille. Je suis reparti, le 25 au matin, pour Amiens. De là, je me suis rendu à Paris.

Le 24, à 11 heures, j'avais notifié verbalement la cessation de mes fonctions au préfet du Nord, ainsi que je l'ai dit plus haut.

En quittant Lille, je ne connaissais point mon successeur définitif; je ne connaissais que mon successeur intérimaire, le général Herment.

LXXI. — 26 septembre 1914. — Questionnaire adressé par le général Pau au général Herment

1° Le général Herment était désigné, dès le temps de paix, pour exercer à la mobilisation le commandement des dépôts d'artillerie du 1er corps d'armée.

A quelle date M. le général Herment a-t-il pris possession de son commandement?

2° Ce commandement impliquait-il celui des établissements de l'artillerie existant dans la 1re région, notamment du parc d'artillerie de Lille et de l'atelier de Douai? Qu'était-ce exactement que l'atelier de Douai? Nature et quantité de matériel; nombre de personnel.

3° M. le général Herment avait-il reçu, avant sa prise de commandement, des instructions sur le repliement éventuel des dépôts et sur l'évacuation éventuelle du matériel? Cette dernière opération avait-elle été étudiée soit pour Lille, soit pour Douai? Avait-on adopté un plan pour son exécution?

4° M. le général Herment, par suite du commandement qu'il avait déjà exercé dans la même région, avait-il étudié personnellement cette question? Avait-il établi des conclusions précises ou sommaires concernant la main-d'œuvre et le temps nécessaire aux évacuations?

5° Quelles ont été les parties du service qui ont préoccupé le général Herment jusqu'au 20 août? A-t-il eu à intervenir dans les évacuations ordonnées du 6 au 19? A-t-il supposé que ces évacuations continueraient? Quand il a appris l'arrivée des Allemands devant Liége, le 7 août, a-t-il prévu qu'il y aurait lieu d'évacuer, sous peu de jours, tout le matériel et le personnel des dépôts? A-t-il appelé l'attention des autorités supérieures sur le temps nécessaire à ces évacuations?

6° Le général Herment estimait-il qu'il y avait intérêt à laisser les établissements de Douai fonctionner jusqu'à l'arrivée de l'ennemi, ou y aurait-il eu des inconvénients à les évacuer plus tôt? A-t-il fait des propositions concernant l'évacuation de Douai et de Lille?

7° Le général Herment a-t-il eu des relations de service avec M. le général Percin, commandant la 1re région, du 5 au 19 août? Quel a été l'objet de ces relations? Ont-ils eu des entretiens concernant l'emploi du matériel de Lille ou son évacuation?

8° Comment et à quelle date le général Herment est-il entré en relations de service avec le général d'Amade? A quelles date et heure s'est-il rencontré avec lui pour la première fois?

9° Le général d'Amade était-il alors résolu à utiliser la place de Lille? A-t-il fait part des notes de l'état-major de l'armée, qui l'y invitaient? Semblait-il avoir été averti des connaissances spéciales du général Herment sur ce sujet? Par qui la question a-t-elle été abordée dans cet entretien? Comment le général d'Amade envisageait-il alors l'emploi de la place de Lille? Cette conception correspondait-elle aux idées personnelles de M. le général Herment?

10° Le général d'Amade a-t-il désigné, séance tenante, le général Herment pour exercer les fonctions de commandant de la défense de Lille? Sinon quel jour et à quelle heure, le général Herment a-t-il été investi de ce commandement?

11° Dans quels termes la mission de M. le général Herment comme commandant de la défense de Lille a-t-elle été définie? Devait-il préparer la défense de la place en vue d'un véritable siège, ou pour une résistance de courte durée sur tous les fronts, ou seulement pour une résistance sur les fronts Est et Nord-Est? La place devait-elle être réorganisée comme place forte, ou comme place du moment, ou position fortifiée? Quelle pouvait être la durée de la résistance?

12° En acceptant les fonctions de commandant de la défense de Lille, le général Herment a-t-il jugé qu'il pourrait s'acquitter à la fois de ses nouvelles fonctions et du commandement qu'il exerçait à Douai? En admettant qu'il pouvait remplir à la fois les deux emplois, a-t-il songé à la manière dont il les remplirait en cas d'approche de l'ennemi? Comment avait-il prévu qu'il commanderait la place de Lille supposée attaquée, tout en dirigeant les évacuations de Douai? Quelles instructions avait-il données pour ce cas?

13° Du 21 au 24, le général Herment a-t-il eu à se préoccuper de Douai? A-t-il donné des ordres au colonel Boutroue? Au directeur du Parc?

14° Du 21 au 24, quelle est la nature de la besogne accomplie à Lille par le général Herment?

Quelles dispositions a-t-il prises pour l'organisation de la défense dans les différents secteurs? Comment cette défense se reliait-elle à la partie voisine de la ligne avancée tenue par les divisions territoriales? Où se trouvait la ligne des avant-postes dans le secteur Nord-Est de Lille? Avait-on reçu des ordres supérieurs la concernant?

15° Du 21 au 24, le général Herment a-t-il eu des relations de service avec le général Percin? A-t-il eu des relations directes avec le général d'Amade?

16° Du 21 au 24, en préparant la défense de Lille, le général Herment considérait-il toute perspective d'évacuation comme étant à écarter?

17° Où, quand et comment le général Herment a-t-il appris que le général Percin quittait le commandement de la 1re région? Le général Herment a-t-il été avisé que lui-même prenait le commandement provisoire de la région? Quand et comment? A-t-il fait acte de commandant de la région dans la journée du 24, avant l'arrivée des ordres d'évacuation? A-t-il eu des relations directes avec l'état-major de la région? A-t-il eu des instructions à donner au chef d'état-major?

18° Comment et *à quelle heure* le général Herment a-t-il eu connaissance des divers ordres d'évacuation? Quelle était la teneur exacte des premiers ordres reçus? Le général avait-il une idée arrêtée sur l'importance des mouvements de personnel et de matériel à exécuter? Sur le temps nécessaire à l'entière évacuation des dépôts?

19° Les premiers ordres reçus n'impliquaient-ils pas nécessairement l'évacuation du matériel d'artillerie? Le général Herment a-t-il préparé dès lors cette évacuation en même temps que celle des dépôts?

20° Le général Herment n'a-t-il pas eu la pensée de maintenir, pendant le temps nécessaire, des avant-postes destinés à couvrir les évacuations? A-t-il donné des ordres à ce sujet? En donnant ces ordres, avait-il le sentiment de se conformer rigoureusement aux ordres reçus, ou de prendre une initiative importante?

21° Le général Herment n'a-t-il pas eu la pensée de demander au général d'Amade l'autorisation de surseoir au départ d'une partie des troupes pour protéger les évacuations? Comment en a-t-il été empêché? Quelle heure était-il, quand le général Herment a essayé de téléphoner au général d'Amade?

22° Le général Herment a-t-il donné des ordres à l'état-major de la région pour le départ des divers services? Dans sa pensée, le personnel d'état-major devait-il partir avant les troupes et le matériel, ou après? En particulier, quels ordres avait-il donnés au capitaine Barthélemy?

23° En fait à quelle heure est parti l'état-major?

24° Le directeur des Postes et Télégraphes a déclaré avoir rompu toutes les communications et être parti avec son personnel, sur l'ordre verbal qui lui en avait été donné par un officier supérieur de l'état-major. Le général Herment a-t-il eu connaissance de cet ordre?

25° La commission de la gare de Lille s'est rendue, dit-elle, dans l'après-midi du 24 auprès du général Herment, qui lui aurait donné l'ordre d'évacuer. Le général Percin était à ce moment en conversation avec le général Herment, lui faisait ses adieux. Il devait être environ 17 heures 30,

M. le général Herment se rappelle-t-il cette visite de cet ordre? Si oui, comment s'est-il exprimé? Si non, n'a-t-il pas eu connaissance que l'ordre ait été donné par son état-major?

26° Au reçu des ordres donnés par le général d'Amade, et faute de pouvoir téléphoner, le général Herment a envoyé à Arras le commandant Merlin. Quelle était exactement la mission de cet officier? Quelle réponse a-t-il rapportée? A quelle heure est parti le commandant Merlin? N'est-ce pas le commandant Merlin qui a rapporté l'ordre d'évacuer le matériel?

27° Quand le général Herment a reçu communication des ordres donnés par le général d'Amade, lui a-t-il rendu compte que des ordres d'évacuation eussent déjà été donnés par l'état-major, ou par le général Tournier? Si oui, quels étaient ces ordres?

28° Après avoir pris connaissance des ordres du général d'Amade, et tout en envoyant à cet officier général le commandant Merlin, le général Herment a-t-il envisagé l'ensemble de toutes les évacuations, personnel et matériel, militaires et civils? A-t-il arrêté des dispositions d'ensemble, réparti les ressources, consulté la gare sur les possibilités de transport, prescrit les réquisitions, donné mission à des officiers d'état-major de surveiller chaque partie des opérations? A-t-il fixé un ordre d'urgence, notamment pour le matériel d'artillerie? A-t-il donné des ordres aux autorités civiles, notamment pour les faire partir ou demeurer? N'a-t-il pas donné des missions au général Baudot, au colonel Gengembre, etc.?

29° A quelle heure le général Herment est-il parti de Lille, le 24 au soir? Combien de temps s'était-il écoulé, depuis qu'il avait eu connaissance des ordres? Estime-t-il qu'il n'y avait pas lieu de prolonger quelque peu son séjour pour donner des ordres précis et résoudre les principales difficultés, ou s'assurer de l'exécution?

30° Le personnel des P. T. T. n'a quitté Lille que dans la matinée du 25. Le général Herment a-t-il essayé de faire rentrer le directeur à son poste et de faire rétablir les communications le 24 au soir? Cette opération a été faite le 25 au soir, en quelques heures, par un employé du chemin de fer; il semble qu'elle eût pu être réalisée dans la nuit du 24 au 25 par les employés du télégraphe.

31° Si les communications par le téléphone et par le télégraphe n'avaient pas été rompues, quelles étaient les communications que comptait faire le général Herment?

32° La présence de M. le général Herment à Douai était-elle nécessaire, le 25, au point du jour? Le lieutenant-colonel Boutroue n'avait-il pas reçu des instructions pour l'évacuation, et ne pouvait-il pas la diriger? La présence du général Herment n'était-elle pas plus utile à Lille, en raison de la multiplicité des services et des besognes? Comment le lieutenant-colonel Boutroue a-t-il reçu les ordres d'évacuation?

L'obligation de se trouver à Lille et à Douai, dans un court espace de temps, avait-elle été prévue par le général Herment, quand il déclarait pouvoir remplir, à la fois, ses deux missions de commandant des dépôts à Douai et de commandant de la défense de Lille?

33° En quittant Lille le 24 au soir, le général Herment a-t-il donné des ordres, soit à son Etat-Major, soit au général Tournier, pour assurer le commandement de la région et de la place en son absence? S'est-il borné à investir le général Tournier du commandement des troupes et dépôts?

34° Comment le général Herment concevait-il que se ferait l'évacuation du matériel d'artillerie de Lille? Le concours du chemin de fer était-il assuré? Dans quelle mesure? Quel officier était chargé de diriger l'opération? Avait-il des ordres fermes, un plan, un ordre d'urgence? Combien de temps pouvait durer l'évacuation, suivant qu'on voulait enlever tout le matériel, ou qu'on se bornait à une partie plus particulièrement importante?

35° L'ordre au Directeur de l'Intendance prescrit : « d'évacuer ce qu'il pourra dans le bref délai dont il dispose ». Quel était ce délai? Comment était-il déterminé?

36° Le général Herment a-t-il eu connaissance de la manière dont les évacuations se sont faites à Lille? Les dispositions prises répondaient-elles exactement à ses intentions? Ne les a-t-il pas fait modifier?

37° Dans la nuit du 24 au 25, le général Herment a-t-il rencontré le général d'Amade?

38° Arrivé à Douai, dans la nuit du 24 au 25, quelles dispositions a prescrites le général Herment pour l'évacuation des dépôts et de l'atelier? Lui a-t-il semblé que l'on disposait du temps nécessaire pour achever cette évacuation? Quelles sont les circonstances qui ont empêché de la mener à bonne fin?

39° Par qui, quand et comment l'ordre d'évacuation avait-il été donné à Douai?

40° Combien de temps le général Herment est-il resté à Douai? Estime-t-il que, pendant ce séjour,

il a exercé une action sur les opérations d'évacuation?

41° Quelles ont été les relations du général
Herment avec le général d'Amade, dans la journée du 25? Quel a été l'emploi du temps du général Herment dans cette journée? A-t-il été renseigné sur ce qui se passait à Lille? N'a-t-il pas
cru devoir y retourner et donner de nouveaux
ordres, fût-ce aux autorités civiles, pour faire continuer les évacuations?

42° Quand a-t-on quitté, puis réoccupé Douai?
Comment le général Herment a-t-il reçu l'ordre
d'y retourner? Qu'est devenu le personnel de l'artillerie? Est-il rentré à Douai? L'évacuation
a-t-elle pu être complète?

43° Quel jour le général Herment, revenant dé
Douai et de passage à Seclin, a-t-il communiqué
par téléphone avec le préfet du Nord? Ce fonctionnaire, parti de Lille dans la soirée du 24, y
est revenu le 26 dans la matinée. Le général Her-
mant lui a-t-il donné des instructions?

44° Qu'était-ce que les deux bataillons qui devaient retourner à Lille pour couvrir ces évacuations? Le général Herment a-t-il eu connaissance
de l'ordre qui les mettait en mouvement et préci-
sait leur mission? Pourquoi ne sont-ils pas arrivés à Lille à l'heure prescrite?

45° A quelle date le général Herment a-t-il
quitté Douai à 5 heures pour gagner la gare de
Brebières et arriver à Arras à 8 heures? A-t-il vu
le général d'Amade? Quelles instructions en a-t-il
reçues? A-t-il été mis au courant de la situation
à Lille? Pourquoi n'a-t-il pas cru devoir y retourner?

46° Quand le général Herment a-t-il été mis
en relation avec le général Michal? Lui a-t-il

transmis le commandement de la 1re région en lui faisant connaître la situation?

47° Quel a été l'emploi du temps du général Herment, depuis le 26 jusqu'à son arrivée à Limoges?

LXXII. — Octobre 1914. — Réponses faites par le général Herment aux questions du général Pau, concernant les relations de service qu'il a eues avec le général Percin.

Question 7. —

. (Voir annexe LXXI, page 294.)

R. — Le général Percin est venu à Douai le 11 août pour se rendre compte des opérations de la mobilisation et de la situation des dépôts.

Il se rendit dans les différents quartiers, m'approuva d'avoir mis le 9° cuirassiers à Corbineau, pour donner plus de place au 27° d'artillerie; puis il visita l'atelier de construction.

Il s'inquiéta de l'instruction des dépôts. Je lui fis part des mesures que j'avais prises, avant de recevoir la circulaire ministérielle qui traitait de cette question.

Le général Percin, ayant passé la matinée à Douai, repartit pour Lille vers 11 h. 1/2. En dehors de cette visite, jusqu'au 19 août, il n'y eut entre nous que les relations habituelles de service et, pendant le cours de sa visite, quoique nos entretiens aient porté sur des questions militaires d'instruction, de tir et de confection de matériel, nous n'avons parlé ni de l'emploi du matériel de Lille, ni de son évacuation.

Question 8. —

(Voir annexe LXXI, page 294.)

R. — Le 20 août, le général Percin arriva à Douai vers 11 heures du matin et me dit :

« Je viens m'entretenir avec vous de la défense de Lille et de celle de la région du Nord que vous avez étudiées, comme commandant de l'artillerie du 1ᵉʳ corps. »

Il me fit connaître alors que Lille n'avait pas été mis en état de défense; que, depuis quelques jours, cette question le préoccupait, car il y avait dans la place un matériel important et des ouvrages en très bon état, dont on pouvait tirer parti. Il ajouta qu'il avait pris, de concert avec le commandant du génie de la région, des mesures pour mettre Lille à l'abri d'un coup de main, mais qu'il disposait de peu de troupes : 4.500 fusils et 2 escadrons de chasseurs; qu'il n'avait pas d'artillerie de campagne et très peu d'artillerie à pied.

Je lui proposai alors de tirer de mes dépôts 3 batteries de 75, pourvues chacune de 240 coups par pièce, et 3 batteries à pied, ayant comme effectif, chacune, 10 sous-officiers, 20 brigadiers et 300 hommes.

Le général Percin accepta ces propositions et télégraphia, à leur sujet, à M. le général d'Amade.

Pour renforcer les troupes d'infanterie, je proposai ensuite de prélever, sur chacun des dépôts de cette arme, 6 compagnies (2 au dépôt actif, 2 au dépôt de réserve, 2 au dépôt territorial); de constituer, avec ces compagnies, des bataillons de 1.500 hommes, que l'on ferait partir de suite pour Lille. Je lui parlai également de l'envoi à Lille de 2 compagnies du génie et d'un escadron des 4ᵉ et 9ᵉ cuirassiers.

Lors de cette visite du 20 août, nous avons examiné, le général Percin et moi, la défense de la frontière du Nord, entre Douai et la forêt de Mormal. Je lui ai signalé, en particulier, les inondations qui pouvaient être tendues sur la Scarpe et sur l'Escaut, au moyen des écluses de Mortagne et de Condé. Je lui ai rendu compte que les forts de Maulde et de Flines, qui commandent les écluses de Mortagne, quoique récemment déclassés, étaient en bon état et pouvaient être défendus. Je lui ai dit qu'il en était de même du fort de Cargis et que la défense pouvait encore utiliser les places de Condé et du Quesnoy, dont les enceintes étaient loin d'être démantelées.

L'entretien que j'avais eu avec le général Percin ayant duré fort longtemps, je crus devoir, dans la soirée du 20, lui écrire pour lui résumer mes propositions.

Le 21, au matin, j'allais donner à copier cette lettre lorsqu'à 8 h. 1/2 le général d'Amade entra dans mon bureau. C'est à ce moment que j'entrai pour la première fois en relation de service avec le général d'Amade (1).

Question 15. —

(Voir annexe LXXI, page 296.)

R. — Quand je suis arrivé à Lille, le 22 août au matin, je suis allé me présenter au général Percin. Il m'a proposé de m'installer complètement au quartier général, en mettant deux bureaux à ma disposition, et me dit : « Vous serez mieux ici pour donner vos ordres, puisque vous

_____

(1) Cette lettre ne m'a pas été envoyée. La minute en a été remise au général d'Amade, qui l'a gardée.

Général PERCIN.

avez le téléphone et que vous pouvez utiliser une partie de mon état-major. »

Il m'a d'ailleurs donné tout de suite le capitaine Barthélemy qui, déjà depuis quelque temps à l'état-major du 1er corps, avait participé à la première mise en état se défense, faite avec les troupes de la garnison.

Couchant au quartier général et y prenant mes repas, j'ai vécu, pendant les journées des 22, 23 et 24 août, avec le général Percin.

Je le tenais au courant de ce que je faisais et, de lui-même, quand je lui eus signalé que les fossés des ouvrages d'infanterie n'étaient pas battus, il a demandé au Ministre 40 mitrailleuses.

C'est dans un de ces entretiens qu'il me fit connaître la démarche que le Maire de Lille, accompagné de deux représentants de la région et du Préfet, était venu faire auprès de lui, pour que Lille ne fût pas défendu. Le général Percin, qui était indigné de cette démarche et qui ne partageait pas la manière de voir du Maire, que Lille ne pouvait pas se défendre, me dit alors qu'il allait envoyer un communiqué à l'un des grands journaux de la région, affirmant la résolution du gouvernement de défendre la place.

LXXIII. — 6 novembre 1914. — Le général Pau au général Percin.

J'ai l'honneur de vous adresser ci-joint, mises au net, les deux dépositions que vous avez faites au sujet de l'évacuation de Lille; la première comprend le récit sommaire des événements dont vous avez été le témoin, la seconde se compose de réponses à des questions déterminées. Pour cette dernière, vous aviez demandé une modification dans le libellé de la réponse à la 6e question. J'espère que la rédaction nouvelle qui vous est proposée aura votre assentiment.

Je vous prie de vouloir bien signer ces deux pièces et me les renvoyer, si vous en acceptez la rédaction. Dans le cas contraire, vous voudrez bien indiquer les changements que vous désirez voir y apporter.

D'autre part, l'enquête en était à ses débuts, lors de votre déposition. Au degré d'avancement où elle est parvenue, il y a lieu de préciser certains points, en particulier de distinguer, en ce qui concerne les évacuations : 1° le matériel d'artillerie, 2° les établissements, 3° les dépôts, et d'expliquer, pour chacune de ces catégories, si des mesures d'évacuation ont été prévues, ou ce qui en a empêché.

Votre première déposition (question n° 3) a traité, mais en partie seulement, ce qui concerne le matériel d'artillerie. Il n'y a pas été fait mention des établissements et des dépôts. Je vous prie donc de vouloir bien la compléter en répondant (par écrit si vous le jugez convenable) aux questions qui suivent, d'une manière très détaillée et très explicite.

1° Quelle que fût l'opinion personnelle de M. le général Percin sur l'opportunité d'utiliser la place de Lille et de la réarmer, cette solution ne dépendait pas de lui, mais du Ministre ou du Grand Quartier Général. Si la conviction du général Percin était que le réarmement de Lille s'imposait, n'a-t-il pas cru devoir, avant l'arrivée du général d'Amade, provoquer cette mesure auprès du Ministre ou du Grand Quartier Général?

Dans l'hypothèse contraire, ou si le général Percin jugeait que tous ses efforts seraient vains, le matériel d'artillerie de Lille devenait inutile, encombrant, était à la merci des entreprises de l'ennemi; le général Percin n'a-t-il pas cru de son devoir d'en provoquer l'évacuation?

2° En ce qui concerne les établissements, il ne pouvait pas échapper au général Percin que l'atelier de Douai et le dépôt de matériel du génie d'Arras renfermaient un outillage et des ressources très abondants, qu'il importait aussi de soustraire aux atteintes de l'ennemi et dont l'évacuation demanderait un temps et des moyens considérables. Au cas où la 1re région ne serait pas défendue avec succès, ces établissements se trouveraient compromis. Il y avait donc un intérêt primordial à ce que leur évacuation commençât aussitôt que les progrès des Allemands en Belgique rendraient possible, dans un délai de quelques jours, l'invasion du territoire de la 1re région.

3° En ce qui concerne les dépôts, le général Percin ne pouvait pas ignorer les dispositions arrêtées dès le temps de paix pour leur repliement éventuel, dispositions figurant au tableau C. Il ne pouvait pas ignorer que ces dépôts tout entiers, dans la période du 5 au 20 août, puis, à partir du 20, les éléments de ces dépôts qui n'avaient pas été détachés en avant pour la défense de Lille, ne pouvaient pas être maintenus sans danger sur le territoire de la 1re région, à partir du moment où les forces allemandes menaçaient la sécurité de ce territoire. Le général Percin n'a-t-il pas cru qu'il rentrait essentiellement dans ses attributions de signaler, soit au Ministre, soit au Grand Quartier Général, la situation critique dans laquelle pouvaient se trouver les établissements, le matériel et les dépôts de la 1re région, et de provoquer des ordres pour leur évacuation éventuelle?

4° En outre, n'a-t-il pas pensé qu'il était de son

devoir de veiller à ce que toutes les mesures d'exécution des repliements eussent été à l'avance étudiées et arrêtées avec soin par les corps et services
intéressés?

Enfin : 5° M. le général Percin est prié de faire
connaître s'il a reçu effectivement, à la date du
13 août, de M. le général Baudot, commandant
les dépôts de cavalerie de la 1ʳᵉ région, une lettre
par laquelle cet officier général le priait précisément de provoquer des ordres pour le repliement
des dépôts; s'il a répondu à cette demande, et dans
quels termes; si, au contraire, ainsi que l'a déclaré le général Baudot, il n'a pas répondu, et
pour quel motif?

**LXXIV. — 16 novembre 1914. — 3ᵉ déposition
(écrite) du général Percin.**

1ʳᵉ Question. —

(Voir annexe LXXIII, page 306.)

Réponse. — Je n'ai jamais cru devoir provoquer des ordres de l'autorité supérieure, ni
pour le réarmement de la place de Lille, ni pour
l'évacuation du matériel d'artillerie.

Un subordonné a le devoir de provoquer des
ordres, quand il se trouve dans une situation
inconnue de l'autorité supérieure, ou quand il
craint que celle-ci ne commette un oubli. Mais
il n'est pas tenu d'agir de la sorte, quand la
situation est connue de l'autorité supérieure,
mieux que de lui.

C'est ainsi que, le 20 août, ayant appris, la
veille, par un officier de l'état-major du général
d'Amade, que ce dernier comptait sur la place

de Lille, comme point d'appui de ses opérations de campagne, je me suis rendu à Arras, où je n'étais pas convoqué, et j'y ai mis mon chef au courant d'une situation qu'il ne connaissait pas, le Ministre de la Guerre ayant négligé de lui dire que la place de Lille était virtuellement déclassée. J'ai alors provoqué des ordres que, sans ma démarche, le général d'Amade n'aurait pas pu me donner.

C'est ainsi également que, vers la même époque, j'ai signalé au commandant en chef les inconvénients des mesures prescrites pour la circulation des automobiles, et que je lui ai proposé d'autres dispositions, pour la région industrielle de Lille, dont je connaissais les besoins mieux que lui, renseigné que j'étais par mes conversations avec le préfet du Nord et les industriels de la région.

Mais le Ministre de la Guerre connaissait aussi bien que moi la situation de la place de Lille. Il connaissait mieux que moi les progrès des Allemands.

Dans les premiers jours de janvier, en effet, il avait prévenu le général Lebas, gouverneur de Lille, qu'on n'établirait pas de nouveau plan de défense, pour la place, en 1914.

Par dépêche du 27 mars, il avait fait connaître qu'on ne devait plus prévoir, pour Lille, dans le plan XVII, d'auxiliaires de place forte.

Ces auxiliaires devaient armer les forts, construire les batteries de mobilisation et servir les pièces. Le nombre prévu était de 2.900.

Le général Lebas se rendit alors au Ministère de la Guerre, où il eut, avec le général de Castelnau, premier sous-chef de l'Etat-Major de l'armée, un entretien d'où il résultait que le plan du Ministre était absolument arrêté.

Quoi qu'il en fût, le 31 juillet, le général Franchet d'Espérey, commandant le 1er corps d'armée, crut devoir demander au Ministre de préciser la situation. C'est en réponse à cette demande que le Ministre envoya le télégramme du 1er août, faisant connaître que le gouverneur de Lille recevrait bientôt une autre destination.

A mon arrivée à Lille, le 3 août 1914, je fus informé de tous ces événements. J'appris que, par ordre du Ministre de la Guerre, une bonne partie du matériel constituant l'armement de la place et comprenant, entre autres choses, toutes les sections de mitrailleuses, au nombre de 45, avec leurs approvisionnements de cartouches, avait été expédiée sur Maubeuge, Hirson, Vincennes ou Versailles.

On expédia encore, les 7, 8, 9, 13, 14 et 16 août, 73 canons de 80, 90, 95 ou 120 avec 46.330 coups, dont 15.600 de 120 constituant la totalité des obus explosifs de ce aclibre.

Les ordres d'expédition étaient adressés directement au commandant du parc d'artillerie. Ce dernier me rendait compte de leur exécution.

Ainsi, le Ministre ne me demandait pas mon avis. Dans ces conditions, c'eût été de ma part une manifestation ridicule, que de lui proposer d'arrêter les expéditions et de me rendre ce qu'il m'avait pris. C'eût été de l'indiscipline, que de lui offrir ma démission, ainsi que me le conseillait le député Vandamme, dont j'ai rapporté le propos, dans mon interrogatoire du 21 septembre dernier.

En ce qui concerne le danger de l'invasion, je n'étais renseigné que par les communiqués, très rassurants, que publiaient les journaux.

Le communiqué du 15 août disait que l'attaque

brusquée sur la Belgique avait lamentablement
échoué. »

Ceux des 16 et 17 août annonçaient un gros
succès à Dinant.

Celui du 18 ne disait rien; mais un télégramme
visé affirmait que la situation des armées françaises en Belgique était toujours brillante.

Celui du 19, le dernier qui ait paru avant mon
entrevue avec le général d'Amade, se bornait à
dire que nos troupes avaient abattu un avion
allemand.

Pouvais-je, avec de pareils renseignements,
prévoir la retraite du 22?

Si le Ministre savait des choses que les communiqués ne disaient pas, il lui était loisible de
me les faire connaître. S'il craignait un coup de
main, et qu'il ne crût pas à la possibilité d'y
parer, il lui appartenait de prévoir l'évacuation
du matériel et de me prescrire de m'y préparer.

Le général Maunoury ne m'a fait aucune communication à ce sujet, lors de son inspection du
13 août. Je ne pouvais prendre l'initiative de propositions de ce genre, ne sachant pas si les Allemands viendraient jusqu'à Lille; ne sachant pas,
dans le cas où ils viendraient, si, à ce moment-
là, tout le matériel d'artillerie ne serait pas évacué,
suivant de nouveaux ordres du Ministre de la
Guerre.

A partir du moment, d'ailleurs, où la situation
put paraître un peu inquiétante, des mesures
furent prises par le Ministre lui-même, en vue de
parer à toute éventualité. La 1re région entra dans
la zone des armées. Le général d'Amade reçut le
commandement d'un groupe de divisions territoriales, chargé d'opérer sur le territoire de cette
région.

Le 20 août, le général d'Amade me donna l'ordre de remettre la place en état de défense.

Le 21, il fit affluer sur Lille une partie des dépôts d'infanterie de la 1re région.

Je disposais ainsi, le 22 août, de :

15.000 fantassins,
 1.600 canonniers à pied,
    4 escadrons de cavalerie,
    3 batteries de 75.

Le 23, grâce à la prodigieuse activité du général Herment, plus de trois cents bouches à feu étaient en batterie, dans les ouvrages. La place était en état de faire une défense honorable. Sans doute, elle n'aurait pas tenu aussi longtemps que si elle avait été pourvue de tous ses moyens de défense ; mais la résistance n'eût-elle duré que 15 jours, qu'un résultat important aurait été obtenu. Pendant ces quinze jours, les forces ennemies ainsi immobilisées ne se seraient pas trouvées en face du général Joffre. Le cours des événements eût été modifié. Et, peut-être, aujourd'hui, les Allemands ne seraient-ils pas où ils sont.

J'ai exprimé cette idée dans le communiqué suivant, que j'ai adressé le 23 à l'*Echo du Nord*, et qui a paru le 24 après-midi :

(Voir le texte, page 47.)

Le 23, à 16 heures, le général d'Amade vint nous faire part de son intention d'attaquer Tournai, le lendemain matin, de bonne heure. Il nous demanda de prêter à cette attaque le concours de notre cavalerie et celui de l'artillerie d'un de nos forts.

A 22 heures, le Ministre télégraphia au Directeur du parc qu'il lui envoyait 7 sections de mitrailleuses.

Le 24, dans la matinée, il lui annonça, encore par télégramme, l'envoi de 3 millions de cartouches d'infanterie et de 9.000 coups de 75.

Le Ministre paraissait donc fort éloigné, le 24 au matin, de l'idée de faire évacuer la place. Personne ne pouvait prévoir le coup de théâtre qui devait se produire dans l'après-midi.

La veille, nos escadrons avaient eu, avec les reconnaissances ennemies, quelques engagements auxquels avaient pris part nos avant-postes d'infanterie. Au cours de ces engagements, plusieurs cavaliers allemands avaient été tués, Les nôtres n'avaient subi aucune perte. Ils avaient fait douze prisonniers.

Ces prisonniers furent amenés en ville, avec six chevaux allemands, suivis d'un détachement de nos chasseurs à cheval, portant :

(Voir annexe LXII, page 274.)

La vue de ce cortège provoqua, dans la population, un enthousiasme indescriptible.

J'aurais été bien reçu, si j'avais parlé d'évacuation! La foule n'aurait pas attendu le 25, pour m'accuser de trahison.

Le devoir du chef chargé d'une opération défensive quelconque n'est pas de sauver à tout prix le matériel qu'il a entre les mains, mais d'utiliser ce matériel jusqu'au bout, et de le mettre hors de service, s'il est obligé de l'abandonner.

Je me flatte de n'avoir jamais eu d'autre pensée; d'avoir, jusqu'au dernier moment, conservé mes espérances et ma foi.

2° Question. —

(Voir annexe LXIII, page 307.)

Réponse. — Pas plus que pour l'évacuation du matériel de Lille, je n'ai cru devoir provoquer des ordres du Ministre, pour l'évacuation des approvisionnements contenus dans les magasins de Douai ou d'Arras. Le Ministre de la Guerre connaissait comme moi l'importance de ces approvisionnements. Il savait mieux que moi si les progrès des Allemands en Belgique rendaient possible, dans un délai de quelques jours, l'invasion du territoire de la 1re région.

L'évacuation de l'atelier de construction de Douai, celles des dépôts de matériel du génie d'Arras et de l'établissement des poudres et salpêtres de Lille, étaient des opérations qu'on ne pouvait improviser en quelques jours. Elles auraient dû être étudiées, dès le temps de paix, comme tous les détails de la mobilisation, par les soins de l'Etat-Major du 1er corps d'armée, et sur les indications du Ministre de la Guerre, à qui il appartenait de faire connaître les points sur lesquels les approvisionnements devaient être dirigés.

Les hostilités une fois commencées, le Ministre pouvait seul indiquer, d'après les progrès de l'ennemi, le moment où l'évacuation serait exécutée.

3e Question. —

(Voir annexe LXIII, page 307.)

Réponse. — Les dispositions figurant au tableau C visaient le cas où, la place ayant un gouverneur, et se trouvant près d'être investie, le commandant de la région, son état-major et les dépôts devaient se replier sur divers points. Mais la situation était autre, et je n'ai pas manqué, le

20 août, de le faire remarquer au général d'Amade, en lui posant la question suivante :

« Si Lille est attaquée, dois-je me retirer avec mon état-major, les services et les dépôts de la garnison, sur les points indiqués par le Ministre de la Guerre, laissant le général Herment seul dans la place, comme s'il en était le gouverneur désigné?

« Ou bien dois-je rester à Lille et défendre cette place, comme on défend un point d'appui, en rase campagne, résister dans les forts, résister dans le corps de place, faire la guerre des rues, et tenir le plus longtemps possible, dussé-je me faire tuer à mon poste de commandement? »

Paraphrasant la question que je venais de lui poser, le général d'Amade me répondit :

« Vous devez rester à Lille, défendre les ouvrages extérieurs, défendre le corps de place, faire la guerre des rues, et ne vous retirer que lorsque toute résistance sera devenue impossible. »

En possession d'instructions aussi nettes, je ne pouvais songer à séparer mon sort de celui des dépôts. Les hommes de ces dépôts devaient faire la guerre des rues comme moi, se retirer de Lille comme moi, et, dans le cas où la retraite serait devenue imposible, se faire prendre ou se faire tuer comme moi. L'idée ne m'est pas venue de proposer au général d'Amade de les évacuer d'avance sur d'autres points.

Je n'ai d'ailleurs pas connaissance que ma détermination ait eu pour résultat de faire tomber un seul homme entre les mains de l'ennemi.

4° Question. —

(Voir annexe LXXIII, page 307.)

Réponse. — Les mesures d'exécution des repliements prévus au tableau C ont été étudiées par les corps intéressés; mais aucune disposition n'ayant été prévue par le Ministre de la Guerre pour l'évacuation des établissements, les chefs de service intéressés n'ont pu se livrer à l'étude dont il s'agit.

A ce sujet, le général d'Amade a demandé au général Herment, par message téléphonique, le 24 août, à 15 h. 45, s'il y avait des « dispositions prévues pour évacuation dépôts artillerie, arsenal Douai, et ordres d'urgence dans ces évacuations, en raison importance matériel ».

Le général Herment a répondu :

« Général Herment ne connaît aucune disposition pour évacuation de l'atelier de Douai. Il faudrait que Ministre fixât le point sur lequel il veut que l'on dirige le matériel. Les dépôts des corps doivent être évacués sur 3ᵉ région : Louviers, Elbœuf, Vernon. Ces dépôts pourraient être envoyés sur Arras, dans la journée de demain, par voie de terre. »

5ᵉ Question. —

(Voir annexe LXXIII, page 308.)

Réponse. — J'ai le souvenir très net d'avoir reçu du général Baudot des rapports que, mon chef d'état-major et moi, nous nous accordions à trouver trop nombreux et trop longs; mais je ne puis me rappeler toutes les questions qui y étaient soulevées.

Si j'ai laissé sans réponse une question relative au repliement des dépôts, c'est que j'ai jugé suffisantes, à ce moment-là, les dispositions figurant au tableau C, et que je ne pouvais prévoir les modifications que les événements ultérieurs m'obligeraient à y apporter.

L'évacuation des dépôts de cavalerie présentait d'ailleurs moins de difficultés que celle des dépôts des autres armes, moins surtout que celle des établisements. Il n'est pas étonnant que cette question n'ait pas absorbé mon attention.

En fait, j'ai vu les dépôts de cavalerie traverser la ville de Saint-Pol, le 25, vers 8 heures du matin. Bien que ne commandant plus la région, j'abordai le général Baudot, que je rencontrai dans la rue, pied à terre, regardant défiler ses escadrons, et nous parlâmes des événements. Le général Baudot était très calme. Rien dans sa conversation ne me donna lieu de supposer que l'évacuation se fût faite dans de mauvaises conditions (1).

---

(1) Le général Baudot fut, ce jour-là, plein de prévenances pour moi, comme il l'avait été, à Lille, pendant qu'il servait sous mes ordres, venant me voir, à tout instant, pour me soumettre ses projets, et prendre mes instructions. J'ai su, depuis, qu'à Niort, où il avait obtenu un commandement, après l'évacuation de Lille, il a tenu sur moi des propos très désobligeants.

Général PERCIN.

INDEX ALPHABÉTIQUE

DES NOMS DE PERSONNES CITÉS DANS CE LIVRE.

TABLE DES ANNEXES

Pages

Documents relatifs à l'enquête du général Pau

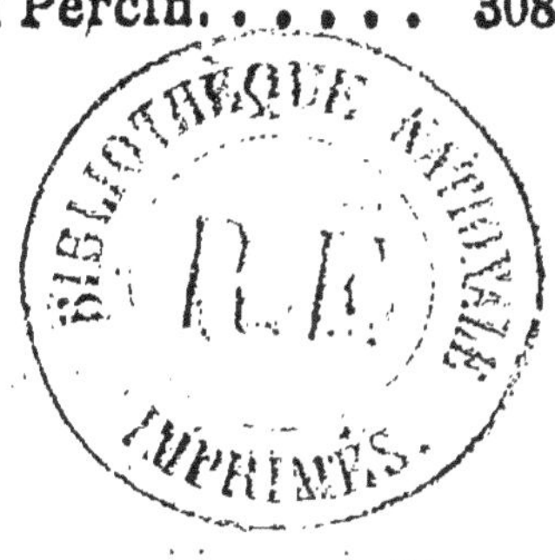

Imp. MAUCHAUSSAT. Paris.

Typ. GROU-RADENEZ. — Paris.